LE CARE CHRÉTIEN

Mgr Luc Ravel

Le care chrétien

OU LA RÉVOLUTION DE L'AMOUR

SALVATOR

Yves Briend Éditeur S.A.
103, rue Notre-Dame-des-Champs F-75006
www.edition-salvator.com
contact@editions-salvator.com

Maquette intérieure : Atlant'Communication
Maquette couverture : Christophe Emion

ISBN : 978-2-7067-2345-2

« Ton cri rejoint le cri originel,
toute souffrance l'initiale souffrance.
Dans le gouffre sans fond, seule la Pitié sans fin
nous relie à la Vie qui toujours recommence. »

François CHENG, *Enfin le royaume*

Introduction

Le pas de l'amour

La révélation des maltraitances dénoncées par les médias et celle des abus dévoilés par les victimes invitent à l'action politique et personnelle pour juger, soigner, prévenir. Mais elles font aussi retentir un appel clair, au rythme d'un chant venu des âges anciens, elles sonnent l'éveil d'un murmure intérieur joyeux, à détecter dans quelque recoin du cœur : aimez-vous les uns les autres, là sont la vie et le bonheur !

Dans la relation personnelle, dans nos structures de soin, dans nos sociétés, pouvons-nous oser aller plus loin, plus haut, plus fort ? Quand la science progresse mais que, dans le même temps, les hommes tâtonnent dans leur rapport à la vie, une nouvelle audace, vigoureuse et réfléchie, peut transformer notre réponse à ces plaies que sont les abus et les maltraitances. Ce faisant, elle peut aussi valoriser toutes nos relations, celle d'une simple rencontre à la croisée d'un chemin, celle d'un accueil dans un commerce, d'une collaboration dans une entreprise.

La Bible, la littérature, les spiritualités et les artistes, mais aussi notre cœur, nous parlent d'amour. Le mot et les réalités qu'il recouvre ne sont pas obsolètes. La réflexion de ce livre tente de valoriser une de ces dynamiques de l'amour, quand il prend conscience que le malheur et la misère frappent l'autre, tout autre, et souvent soi-même. À scruter ce qu'il est en lui-même, l'homme arrive à s'aimer lui-même dans sa richesse mais aussi dans sa pauvreté, puis, fort de cette expérience intime, il en vient à reconnaître que tout homme souffre, même si aucun crime ne se tient à l'origine de sa douleur.

Si la réflexion de ces pages vise d'abord les personnes victimes – et victimes de leurs frères –, elle englobe l'ensemble de ces frères dont le sourire masque souvent des vies austères aux histoires compliquées. Elle n'ignore aucune personne debout ou couchée car la vie est fragile, un souffle en danger. Y a-t-il un être humain totalement exempté de la souffrance ?

La première réaction aux violences

Il n'est pas question de déjuger ce qui a déjà été fait de remarquable pour endiguer le mal et soigner les victimes, de déclasser ce qui est mis en place en tant que première réaction à la violence des abus et des maltraitances. Depuis qu'ont éclaté ces scandales humains à répétition, depuis que les langues se délient dans tous les milieux, que la question des violences intrafamiliales devient prioritaire dans nos sociétés, les uns et les autres tentent de construire une réponse adaptée à la souffrance des victimes. Beaucoup réfléchissent et proposent un accueil, une reconnaissance allant jusqu'à la justice restaurative. Peu à peu les dispositifs se mettent en place. Dans chaque diocèse, par exemple, ont été créées une cellule d'accueil et d'écoute et souvent une plateforme en lien avec d'autres institutions pour proposer une thérapie ou un suivi judiciaire.

Le mouvement est heureusement lancé, un peu tard soutiendraient certaines victimes, mais mieux vaut tard que jamais. Et ce mouvement irréversible génère des partenariats féconds entre associations de victimes, associations d'aide aux victimes, institutions, parquets judiciaires, services hospitaliers spécialisés, etc. Ce travail en commun permet de prendre en compte tout l'homme. C'est certainement un signe des temps, tout un chacun ayant conscience de ses limites. Précisément, la prise en compte des limites, si elle ouvre à ces collaborations heureuses, invite aussi chaque personne et chaque institution à agir au mieux de ses qualités propres et de ses expertises. Travailler avec d'autres inspire d'aller au fond de son propre potentiel, jusqu'au bout de ses dons, dans et pour la société, qu'ils soient reconnus ou méconnus par les autres. C'est à ce niveau d'un potentiel encore inactivé que nous pouvons réfléchir en vue d'aller plus loin, de faire un pas de plus, le pas de l'amour.

Ce nouveau pas à faire se heurte aux manques de moyens humains ou financiers. La liste serait longue, elle ne se trouvera pas dans cette réflexion mais sur le terrain où les situations concrètes se présentent avec leur diversité : en famille, en milieu hospitalier, en association, etc. En revanche, un obstacle psychologique se dresse dans tous les milieux, y compris les plus investis dans le soin. C'est l'obstacle du découragement.

La « trahison des clercs », leur incapacité à déceler ces crimes, leur tendance à les couvrir parfois, le caractère endémique des violences, l'immensité de la tâche peuvent nous presser à ne pas se saisir à frais nouveaux de ce dossier colossal. Le découragement ou la lassitude nous guette devant l'emprise et l'ampleur de toutes ces blessures. On peut alors estimer que ce qui est fait suffit, sauf à améliorer à la marge les dispositifs déjà en place. Comme le répète un certain nombre de personnes, on en fait assez, arrêtons d'en parler, concentrons-nous sur autre chose. Qui s'est un peu investi dans ce domaine comprend cette usure. Mais légitime-t-elle un arrêt sur image alors que nous percevons la pertinence mais aussi les absences de nos dispositifs ?

Pouvons-nous répondre de façon nouvelle et inspirée à l'immense souffrance des personnes victimes d'abus ou d'autres maltraitances ? Répondrons-nous à l'appel de Dieu et aux interpellations du monde en semant l'amour au cœur de ces drames, en libérant d'autres énergies humaines que celles de la force afin de refonder les liens entre nous ? Pourrions-nous faire du prendre-soin la relation interpersonnelle majeure et prioritaire dans notre société ?

Une voie nouvelle sur une montagne ancienne

Puisqu'elles se présentent à nous avec tout le poids de ce qu'elles ont subi, parce qu'elles sont prioritaires pour nous, parce qu'elles sont signes d'une forme dégradée de lien – même quand il ne débouche pas sur un crime –, les personnes victimes de leurs frères peuvent être la porte d'entrée de cette nouvelle façon d'être ensemble. Elles formeraient alors la proue d'un navire emportant toute la société vers un avenir autrement structuré.

Comment « aimer » ces personnes victimes, victimes de personnes qualifiées et, dans la mesure où nous les connaissons, comment « aimer » toutes les personnes victimes en famille, proies de leur chef, cibles à l'école, maltraitées dans leur retraite ? Au-delà des préconisations ou recommandations des experts et des juges, une nouvelle façon « d'être avec » pourrait s'engager, malgré nos tâtonnements à la découvrir et à la mettre en valeur. Dans ce domaine comme ailleurs, mieux vaut balbutier une marche hésitante que de se coucher avec détermination. À tâtons et ensemble, pouvons-nous ouvrir une voie nouvelle comme un alpiniste sur les flancs d'une montagne ancienne, sur les pentes abruptes de ces violences ancestrales ?

Pourquoi parler de voie nouvelle? Les Églises et les autres associations, nos services sanitaires et sociaux n'ont pas attendu le début du XXIe siècle pour soigner et faire le bien ! À chaque misère reconnue, des mouvements d'amour et d'intelligence ont soulevé des montagnes, créant les Hôtel-Dieu, les orphelinats, les écoles, etc. Comment ne pas admirer le génie d'amour déployé par Henry Dunant créant la Croix rouge après avoir assisté au carnage de Solférino (1859) ? Bien que traversée d'atrocités barbares, l'histoire des hommes suscite l'émerveillement devant les talents déployés pour injecter le bien, quoi qu'il advienne. Cette résilience collective force notre admiration.

Néanmoins, depuis quelques décennies, les abus et les violences ont été détectés d'une façon neuve, plus précise, plus vraie, pour eux-mêmes. Naguère encore, quoique destructeurs, on les supportait à défaut de les reconnaître pour ce qu'ils sont. Quand on le pouvait, ils étaient jugés. Mais on n'en faisait pas « toute une affaire » et la condamnation du coupable n'induisait aucun accompagnement des personnes victimes. Leurs noms n'apparaissent pratiquement jamais dans les dossiers anciens. Chaque génération a ses indifférences et ses priorités, mais la nôtre a mis le doigt sur une plaie aux conséquences inexorables par leur dureté et leur durabilité, elle ne peut donc plus éluder la question. D'autant qu'avant d'être théorique, elle se pose à nous avec des visages et des histoires.

Il y a nécessité à une réaction originale en face de cette élucidation nouvelle des violences et de leurs conséquences. Les propositions anciennes ne suffisent plus, il est nécessaire d'inventer autre chose : les remèdes aux maux d'hier ne correspondent plus à la révélation actuelle du mal, même ancien. Pourquoi ?

Un soin adapté à la blessure

L'histoire du bien montre comment chaque plaie reconnue appelle une réaction différente de celle imaginée pour une autre blessure. La réponse du bien au mal varie selon les malheurs qu'elle affronte. Elle se construit à partir de la prise en compte d'une souffrance connue pour elle-même. À chaque misère, sa miséricorde. À la faim, on ne présente pas des soins mais du pain. À l'ignorance, on ne répond pas par des hôpitaux mais par des écoles, etc. Peut-on appliquer cette grande loi du bien à la blessure consécutive aux abus, aux maltraitances et à toutes les violences ?

Cette notion de « correspondance » ne doit pas nous surprendre. Les hommes bons savent discerner, ils ne font pas le bien en gros et sans précision. Au contraire, ils cherchent la meilleure onction de bonté. C'est là une grande règle humaine et biblique. On trouve souvent sans grand intérêt un passage de l'Évangile pourtant très éloquent sur un point. Après la guérison miraculeuse d'un sourd-muet, la foule s'étonne : « Extrêmement frappés, [les spectateurs] disaient : "[Jésus] a bien fait toutes choses : il fait entendre les sourds et parler les muets" » (Mc 7, 37). Par ailleurs, aux disciples que Jean-Baptiste lui avait envoyés pour vérifier s'il était bien le Messie attendu, le Christ réplique : « Allez annoncer à Jean ce que vous entendez et voyez : les aveugles retrouvent la vue et les boiteux marchent, les lépreux sont purifiés et les sourds entendent, les morts ressuscitent et les pauvres reçoivent la Bonne Nouvelle » (Mt 11, 4-5).

La réponse de vie correspond à la blessure de mort, elle assume la pauvreté singulière, la surdité par exemple, en la guérissant par son contraire. Appeler les aveugles à entendre sous prétexte qu'il existe des sourds serait d'une cruelle ironie. On s'amuserait de leur souffrance. Bref, on ne peut pas appliquer les recettes du bien indifféremment à tous les maux. La bonté épouse exactement la forme de la misère qu'elle tient en face d'elle. La stupeur des spectateurs jaillit du miracle, certes, mais aussi de sa justesse : un bien parfaitement ajusté à la blessure, voilà ce qui transporte les foules.

Et, parmi les grandes misères de notre monde, notre temps a reconnu (ou découvert) celle des violences sur les personnes et, en particulier, ces violences causées par d'autres personnes. À vision nouvelle, action nouvelle.

À blessure inédite, soin nouveau

L'impact d'un abus, d'une maltraitance, d'une violence façonne des femmes et des hommes singuliers. On ne dira pas qu'ils sont plus pauvres que les pauvres de nos rues ni moins pauvres que les morts de faim. À quoi peut-on comparer ces mamans qui n'ont plus de quoi nourrir leurs enfants ? Ces douleurs sont sans mesure. Il n'y a pas « du plus ou du moins » mais à prendre en compte, et en charge, la différence des pauvretés : ceux qui les portent ne se ressemblent pas. La personne handicapée de naissance, pensons à l'aveugle-né, a besoin d'un amour qui ne s'accompagnera pas des mêmes actes concrets que ceux posés pour la personne victime d'un abus ou d'une torture.

De quoi ont besoin ces personnes victimes d'attentats, de viols ou de comportements pervers ? Les rencontres, les études, les analyses, les témoignages se rejoignent tous. La blessure physique et psychique appelle des soins particuliers, tout l'objet de ce livre sera de les « décrire ». Avec ces personnes, on ne parle plus de jambe cassée ou de fièvre passagère car, dans ce cas de figure, un glaive a traversé tout l'homme, de part en part. Tout est atteint, corps, âme, esprit. Et l'homme est esprit plus fondamentalement qu'il n'est psychisme. Et l'attention à l'esprit hausse le soin à un niveau que les remèdes chimiques ou psychologiques ne peuvent atteindre. La blessure de la personne victime réclame le prendre-soin avec tout son poids d'humanité. On le verra : il faut, pour soigner le corps, de l'huile et du vin. Mais, pour soigner l'esprit, il faut un cœur liquide, ébranlé par les plaies de son frère.

Pour une réponse adaptée à cette blessure singulière, il faut aujourd'hui parler d'amour. Nous invoquons l'amour mais souvent nous ne mettons en place que des structures d'accueil, voire des relais de justice. La question surgit donc pour cette génération qui est le nôtre : une deuxième phase peut-elle s'ouvrir pour tous, un moment où l'action succède à la réaction ? Pris de court, nous avons réagi face aux âpres révélations des personnes victimes. Désormais, sans négliger les dispositifs déjà mis en place, nos cœurs peuvent s'ouvrir à d'autres chemins pour élargir notre mission auprès d'elles. Saurons-nous les envelopper d'un soin « éternel », levure d'amour à mélanger à la pâte de la justice ? Et si oui, lequel ?

La mission d'une communauté souffre si elle arrête son soin à la reconnaissance et à la prévention du crime. Elle sera à la hauteur de sa vocation quand un supplément de cœur imbibera l'action des mains.

La portée sociale de l'amour

Telle est l'espérance de cet ouvrage. Il y est proposé à tous de puiser à une source particulière, la Bible, pour y trouver un guide sûr afin d'aimer en vérité ces prochains singuliers que l'Esprit agissant et les études savantes ont fait surgir à nos yeux. Les prendre dans notre affection fraternelle sans leur infliger une pitié affligeante semble être la voie incontournable pour un avenir protecteur de la vie. Aussi durables et louables soient-ils, on ne peut se satisfaire d'un accueil efficace et d'une écoute bienveillante. De plus, persuadés de l'importance de l'amour et pour correspondre à la pauvreté précise des victimes, on ne peut pas en rester à la simple répétition de l'amour révélé, vécu et accumulé, jadis, par les générations passées.

À cette première espérance, tendue vers le renouvellement de nos rencontres particulières, on peut en ajouter une autre : celle d'une transformation, progressive mais réelle, de notre mode de fonctionnement en société. Par irrigations successives, la mutation gagnera du terrain au point de faire du particulier quelque chose de général, de produire des fruits sociaux et politiques grâce à une évolution – lente mais assurée – des mentalités, jusqu'à cet horizon – rêvé mais atteignable – où les structures sociales et économiques, sorties hier des rapports de force, aujourd'hui enracinées sur la justice, épouseront demain des relations façonnées par l'amour. Ce « projet » d'une civilisation de l'amour n'est pas neuf, il forme l'épine dorsale de ce qu'on nomme la pensée sociale des Églises. Mais ici, dans le « traitement » des violences par le prendre-soin, il peut trouver un déclencheur puissant et plein d'avenir.

Quand la dénonciation des abus politiques orchestrés par des pouvoirs autoritaires, quand la critique des systèmes idéologiques méprisant l'homme, quand toutes les analyses ont si peu d'effets, la perception éclairée d'un droit à l'amour pour les victimes peut valoir étincelle. Car les lois et les structures changeront à partir du moment où nos relations changent du tout au tout. Comment donc éclairer ces relations, comment dérouler pour chacun de nous la route d'un prendre-soin ajusté à l'amour inconditionnel pour la vie, pour toute vie, fut-elle réduite de moitié ?

1

Une parole pour tous

QUELLE Parole pourra nous guider pour ce « pas de l'amour », telle une carte mystique où l'on trace par avance la piste à tailler dans une forêt inexplorée ? Quelle sagesse inspirée pourra être reçue par des croyants et des incroyants, en un fonds commun, n'impliquant pas de prime abord la caution de la foi mais dépassant les limites de nos recherches humaines sans les ignorer ?

Le prix de la Bible

Pour les lecteurs incroyants ou peu informés de l'Église, il importe de préciser le prix unique de la Bible, cet assemblage des Écrits, inspirés dans des langages multiples souvent déroutants. Dans ces livres de la Bible, médités au cours des siècles par la Tradition, les chrétiens reconnaissent une parole divine qui ne se juxtapose pas aux autres œuvres humaines devant lesquels ils s'émerveillent aussi. Pour eux, la Bible ne se lit pas comme un livre parmi les autres, mieux écrit ou plus profond. La parole divine n'écrase ni les paroles sages de nos écrivains ni les expériences heureuses de nos sociétés. D'une certaine façon, les unes et les autres lui donnent chair : que serait-elle, isolée de ces pensées et de ces actions où scintillent le génie et la bonté des hommes ? Au mieux, un corpus d'écrits anciens, objet d'études savantes, une étape dans les avancées spirituelles de l'humanité en quête d'une transcendance qui recule sans cesse tout en attirant à elle.

Avant tout, la parole divine indique le pôle de la transcendance. À chaque terre humaine, à chaque siècle civilisationnel, elle cherche à dilater les hommes à taille de l'Infini et de l'Éternel. Là où les yeux s'arrêtent au mur du temps, elle les ouvre sur le sens du temps, sens étiré au-delà du temps. Comme le cercle n'a de forme qu'avec son centre, l'histoire court derrière un point focal où tout converge dans une réalité inimaginable, une ligne de fuite masquée par l'invisible mais déjà structurante de notre terre.

Déroutante en certains passages, attractive par d'autres, la Parole nous provoque de mille manières pour ne jamais nous laisser « satisfaits ». La Bible est donc le contraire d'un tranquillisant : plus on la médite, plus elle nous déstabilise. Raison pour laquelle elle enthousiasme les pèlerins quand elle dérange les hommes attachés à une quiétude mondaine. La sérénité biblique n'est pas celle du marin resté au port mais celle du capitaine épousant les vagues vigoureuses du temps pour atteindre l'autre continent, celui de l'Éternel.

Cette Parole juge en ce sens qu'elle ne cautionne pas et qu'elle éveille à une conscience différente. Inlassablement, elle repousse nos limites, qu'elles soient de mal ou de médiocrité et, ce faisant, la Parole ne se laisse jamais enfermer dans une option de vie. Elle les veut toutes sans qu'aucune ne la satisfasse, elle les sature par cet autre chose qu'il nous est difficile – voire impossible – de définir et de nommer. Jésus s'en empare sous le vocable de « royaume de Dieu ».

Si l'homme de foi découvre dans la Bible une verticalité pour traverser les champs des moissons terrestres, tout homme peut y trouver une source novatrice pour une vitalité féconde. Elle vivifie celui qui la scrute pour sa vie de foi aussi bien que celui qui l'étudie pour sa recherche humaine. Bref, elle vaut pour tous comme invitation à la nouveauté radicale.

La parabole du bon Samaritain

L'attention de Dieu envers les petits et les pauvres court tout au long de la Bible. Qu'est-elle sinon le Grand Livre – au sens donné à ce mot en comptabilité – de l'amour de Dieu pour chaque être humain ? Mais alors, dans ces kilomètres de mots, quel extrait biblique pourrait porter davantage notre énergie pour ce nouveau temps en face des personnes victimes ?

Parmi tous les récits de cette geste d'amour, un passage de l'Évangile concentre notre intérêt quand on cherche à caractériser cette pauvreté à laquelle nous cherchons à répondre avec des belles d'initiatives. C'est la scène originale, sans équivalent, passée sous le nom de « la parabole du bon Samaritain », où la personne atteinte l'est dans sa vie par une agression préméditée par des bandits. Le commentaire proposé se veut une justification de ce choix en mettant en lumière, d'une part, la particularité de la blessure faite au voyageur et, d'autre part, la beauté du prendre-soin capable d'y répondre. Nous trouvons cette parabole dans un des écrits du Nouveau Testament, l'Évangile selon saint Luc[1].

L'évangéliste saint Luc scinde la vie du Christ en deux parties. La seconde débute au moment où Jésus prend la direction de la Cité sainte, d'un pas décidé (cf. Lc 9, 51).

1. Pour une étude approfondie au plan biblique voir Philippe Bossuyt, Jean Radermakers, *Jésus. Parole de la grâce selon saint Luc*, tome 2, Lessius, Paris, 1999, p. 278 et suivantes, en particulier note 51.

Quand le docteur de la loi interpelle le Christ, celui-ci est déjà en marche vers Jérusalem où il va vivre sa Passion. L'épisode du bonheur léger et envoûtant, celui des bords du lac de Galilée, s'éloigne derrière les disciples que l'on voit de plus en plus déconnectés de la pensée du Christ. Les nuages s'amoncellent autour de lui et les plus proches n'y comprennent rien. Dans des chapitres énergiques préparant sa mort sur la Croix, Jésus lui-même se fait grave : cet homme victime des brigands sur la route reflète son propre sort, inséparable de tous les hommes marqués comme lui par l'agressivité humaine.

Des méchancetés humaines, le Christ ne cache rien à ses disciples qu'il envoie désarmés en avant de lui : « Allez ! Voici que je vous envoie comme des agneaux au milieu des loups » (Lc 10, 3). Ce qui, dans les propos antérieurs du Christ, pouvait encore donner matière à illusion sur le genre humain, se résorbe maintenant dans une lucidité sans faille : il y a des brigands et des meurtriers, des serpents et des scorpions. Ce message dur ne passe pas auprès des foules et n'est pas accepté par ceux qui l'aiment et qui le suivent depuis le commencement. Tous décrochent à part une poignée de fidèles, fidèles jusqu'au pied de la Croix sur laquelle le Christ meurt. La nuit semble bien noire, le discours révèle l'épaisseur morbide du cœur humain. La parabole choisie ne taira rien de l'attaque abominable et de l'acharnement contre l'homme innocent.

Dans le même temps, le Christ annonce une étrange force qui rend le disciple capable de résister au mal : « Je regardais Satan tomber du ciel comme l'éclair. Voici que je vous ai donné le pouvoir d'écraser serpents et scorpions, et sur toute la puissance de l'Ennemi : absolument rien ne pourra vous nuire » (Lc 10, 18-19). Dans cette longue marche vers Jérusalem, il n'y a donc pas à chercher des arguments à l'optimisme ou au pessimisme, catégories psychologiques, mais à trouver des raisons de vivre ou de ressusciter. Malgré les ténèbres et les attaques, il y a à découvrir ce qui fait du bien à la vie alors que les trompettes de la mort sonnent la victoire.

L'amour plus fort que la mort

Dans cette seconde partie de l'Évangile selon saint Luc, il se dégage donc une étrange atmosphère « bipolaire » avec, d'un côté, la mise en avant d'une méchanceté humaine faite d'oppositions et d'abandons, d'agressions et de lâcheté, une méchanceté culminant dans la violence de la Croix et, de l'autre côté, la faculté pour l'homme d'y résister ou de la prendre à contrepied par une puissance reçue. Ni désespérance ni illusion mais une oscillation de combat : quand il arrive sur notre parabole, le lecteur ne peut qu'être conquis par le réalisme de la scène, avec sa violence explicite, certes, mais aussi par son espérance finale et la sublime découverte du docteur.

En anticipant sur le parcours de ce commentaire[1], nous pourrions le résumer ainsi : grâce à certaines conditions

---

1. Innombrables sont les commentaires de ce passage de l'Évangile. Les premiers écrivains nommés Pères de l'Église y lisaient fort justement la déchéance humaine et le salut apporté par Jésus Christ identifié au bon Samaritain. Cette lecture traditionnelle n'exclut pas d'autres interprétations. D'une certaine façon, comme nous le verrons en conclusion, elle les soutient et, finalement, elle les achève. Pour des références précises : « Il semble que cette façon de la lire remonterait à l'Église judéo-chrétienne, au témoignage d'Irénée (*Adversus Haereses* III, 17, 3) ou d'Origène (*Homélie 34 sur Luc*). On la retrouve de Clément d'Alexandrie à Grégoire de Nysse, et, parmi les Pères latins, chez Ambroise et Augustin tout particulièrement (Ambroise, *Sur Luc*, VII, 71-84 ; pour Augustin, cf. D. Sanchis, dans *Recherche SR*, 1961, pp. 406-425) », in *La Bible chrétienne*, II. « Commentaires », Anne Sigier, Sainte-Foy, 1990, p. 452.

« intérieures », et sans plus dépendre des circonstances « extérieures », l'amour du prochain jaillit en source et inaugure la civilisation de l'amour. Dans un monde barbare, l'amour est donc encore possible ; il est encore plus grand quand le monde devient franchement mauvais ; encore meilleur dès que la mort le pénètre de partout. La hauteur du mal présent ne décourage pas l'amour, au contraire il lui donne sa splendeur. L'échange entre le Christ et le docteur se découpe donc sur ce décor assombri où perce déjà une lumineuse espérance : malgré les forces de mort, cette espérance affirme que rien ne peut nous contraindre à la haine, que rien ne peut nous interdire d'aimer sauf l'insensibilité du cœur.

Qu'on regarde en avant de cette scène ou après, on trouvera donc dans l'Évangile de Luc ce climat de vie en forme de lutte, une atmosphère facile à comprendre dès qu'on s'attache à vivre en juste dans un monde qui ne tait pas son obscurité.

Un mot nouveau, le « care »

Dans cette partie de l'Évangile selon saint Luc, la préparation des disciples par des discours théoriques cède désormais à des enseignements pratiques : sur la mission, sur la prière, sur la lutte contre les mauvais esprits, etc. Grâce à cette compilation un peu désordonnée, Luc donne à voir un Christ Maître de vie, en train d'écrire pour ses disciples leur « règle », comme saint Benoît écrivit la sienne pour ses frères moines. En son centre, on trouve cet enseignement très concret sur le prendre-soin d'un homme violemment attaqué.

Sans choquer ni soulever des agacements explicables mais pour se faire comprendre d'un public occupé à se saisir d'un concept nouveau pour des soins de qualité, il semble bien utile d'introduire un mot qui n'appartient pas encore au vocabulaire chrétien, celui de « care ».

C'est que les mots évoluent, ceux des siècles derniers s'éclipsent au profit d'autres, issus d'un monde globalisé. Le care pourrait s'ajouter à notre langage chrétien pour désigner, en un seul nom, cette façon d'aimer son prochain blessé tel que l'Évangile nous y invite. Quelle que soit son origine linguistique, le care nous vient du monde anglo-saxon sans qu'on puisse le traduire exactement par un équivalent français. Il porte la notion d'un prendre-soin, mélange de sollicitude et de soins techniques, avec un impact positif à double sens : il apporte avec lui des « soins mutuels » dont le soignant et le soigné sont bénéficiaires, avec un effet de rétrocession du bien sur celui qui en a l'initiative. C'est un mot plein, riche de sens et de gestes, à portée d'Évangile, sans supplanter ceux de l'amour laissés par notre tradition chrétienne comme ceux de fraternité, charité, amitié, et tant d'autres façons de désigner le bel amour. Dans une situation particulière, celle d'une personne durablement blessée, le mot « care » sera utile voire nécessaire pour rejoindre ceux qui l'étudient et tentent de l'appliquer dans leurs hôpitaux ou lieux de soins.

Une indication et une confirmation de cette proposition nous sont offertes précisément par le texte biblique choisi en fil rouge de notre réflexion, la parabole du bon Samaritain.

Un grand silence plane sur toute la scène telle que la raconte Jésus alors qu'on imagine des sons, des hurlements, des injures ou des mots de tendresse. Cette absence de paroles nous intrigue : ni cris, ni gémissements, ni questions, ni mots de compassion. Le blessé se tait. Les passants se taisent. L'aubergiste se tait. Seul le Samaritain parle, une seule fois, pour recommander le blessé à l'aubergiste : « Prends soin de lui et ce que tu auras dépensé en plus, je te le rembourserai à mon retour» (Lc 10, 35). Ce «prends soin de lui», c'est précisément le sens du care. Les chapitres suivants montreront la coïncidence remarquable du prendre-soin de la parabole biblique avec le contenu du care tel qu'il est présenté par les experts. Sur ce point, le mot grec et sa racine ne laissent planer aucun doute[1].

La traduction «soigner» au sens technique du terme sera vraiment trop faible. On sent dans le mot grec l'attitude global et englobante, celle qu'indique le mot care, fin mélange de soucis et de soins, d'occupations et de préoccupations.

En contraste avec son emploi positif, dans un autre passage biblique, en usant quasiment du même mot, Marthe interpelle sèchement Jésus au sujet de sa sœur Marie: «Seigneur, tu n'as pas souci que ma sœur me laisse servir toute seule!» (Lc 10, 40). Il semble à Marthe, s'activant toute seule, que Jésus «ne prend pas soin» d'elle car il ne se préoccupe pas de sa fatigue. Les autres occurrences du mot dans les Évangiles insistent toutes sur ce souci, ce «prendre à cœur», cet «avoir cure» ou, par son opposé, la négligence, l'insouciance, le laisser-aller. Choses matérielles, actes ou personnes sont concernés par le soin ou l'inattention. L'Évangile n'incarne pas autrement l'amour pour le prochain en tant qu'il est dans le besoin.

Il serait dommage d'abandonner complètement ce concept du care à une attitude exonérée du Christ, aussi juste soit-elle, alors qu'il a son lieu naturel dans les

1. «*Epiméléomaï*» est composé d'«*épi*» et de «*méléos*». «*Méléos*» selon le dictionnaire Bailly signifie: vain, malheureux, misérable. Il est à la racine de noms et de verbes: «*mélétaô*», prendre soin, s'occuper de; «*mélédaïnô*», s'inquiéter, prendre soin; «*mélétè*», soin, souci. Le mot utilisé dans cette unique parole de la parabole renforce une tournure englobante avec le préfixe grec «*épi*», que le français a gardé: autour de, au-dessus de, etc. Le mot grec indique donc qu'il s'agit d'envelopper le malheureux de soins.

Évangiles. Au contraire, il semble profitable d'intégrer ce mot dans le vocabulaire chrétien, avec sa plénitude de sens révélé. Non seulement il traduit adéquatement ce que notre génération peine à comprendre quand nous lui parlons notre dialecte chrétien mais il valorise aussi le patrimoine chrétien grâce à un concept correspondant à sa vision de l'amour. Pour toutes ces raisons, il y a une opportunité à réinscrire notre message sur les tablettes de l'amour avec des mots d'aujourd'hui, au profit de la (re)découverte d'un care ouvert au vertige divin.

Car, en employant ce mot, nous ne le détournons pas à notre profit, ni ne réduisons notre pensée chrétienne. Nous aimerions lui donner son amplitude maximale, en largeur et en hauteur, au bénéfice de tous ceux qui croient au care et qui le mettent en pratique.

Une discussion serrée

Ce texte que nous allons parcourir est connu comme étant une parabole. En réalité, il décrit une discussion forte, très serrée, entre le Christ, le Maître reconnu comme tel, et un docteur de la Loi, un expert des Écritures saintes, un savant qui en connaît les subtilités et toutes les interprétations possibles. Au centre de ce débat passionné, le Christ invente pour son interlocuteur une parabole, c'est-à-dire un petit conte, plein de détails véridiques, dont l'effet est disproportionné par rapport à sa longueur. Une parabole suscite des questions, elle aiguise l'intelligence et provoque son auditeur à s'analyser lui-même. Elle n'a donc pas pour mérite de faire découvrir des choses nouvelles, en ce sens, elle n'est pas informative. Elle s'inscrit comme une pédagogie à mettre en œuvre dès que le cœur a senti sa vérité.

Ce dialogue et sa parabole n'ont pas d'équivalent dans les autres Évangiles. Néanmoins, un autre passage propre à l'Évangile de saint Luc forme un pendant complémentaire de notre passage. C'est la parabole du mauvais riche et du pauvre Lazare, que l'on trouve au chapitre 16 (versets 19 à 31). Seul saint Luc propose cette deuxième parabole très originale, qui reprend le vocabulaire et les thèmes du bon Samaritain : le prendre en pitié, les ulcères ou les plaies, l'indifférence du riche, la misère de la rue (ou de la route), la consolation, etc.

Ici, le prendre-soin de la personne, là, le partage des biens. Ici comme là, sont les indifférents à la misère d'autrui. Mais le cas du mauvais riche s'aggrave car le prêtre et le lévite ont vu ce que lui ignore, le pauvre gisant à sa porte. Ici, on parle de la terre, là on évoque le Ciel. Mais prenons-y garde : le Christ ne cherche pas à détourner nos yeux de nos engagements temporels, au contraire, il nous en montre l'importance éternelle. Juste pour dire que plus tard, c'est trop tard et que maintenant, c'est le bon moment.

La parabole du bon Samaritain

Voici le texte complet tiré de l'Évangile de Luc :

> Un docteur de la Loi se leva et mit Jésus à l'épreuve en disant :
> « Maître, que dois-je faire pour avoir en héritage la vie éternelle ? »
> Jésus lui demanda :
> « Dans la Loi, qu'y a-t-il d'écrit ? Et comment lis-tu ? »
> L'autre répondit :
> « Tu aimeras le Seigneur ton Dieu de tout ton cœur, de toute ton âme, de toute ta force et de toute ton intelligence, et ton prochain comme toi-même[1]. »

1. Cf. Dt 6, 5 ; Lv 19, 18.

Jésus lui dit :

« Tu as répondu correctement. Fais ainsi et tu vivras. »

Mais lui, voulant se justifier, dit à Jésus :

« Et qui est mon prochain ? »

Jésus reprit la parole :

« Un homme descendait de Jérusalem à Jéricho, et il tomba sur des bandits ; ceux-ci, après l'avoir dépouillé et roué de coups, s'en allèrent, le laissant à moitié mort.

Par hasard, un prêtre descendait par ce chemin ; il le vit et passa de l'autre côté. De même un lévite arriva à cet endroit ; il le vit et passa de l'autre côté. Mais un Samaritain, qui était en route, arriva près de lui ; il le vit et fut saisi de compassion. Il s'approcha, et pansa ses blessures en y versant de l'huile et du vin ; puis il le chargea sur sa propre monture, le conduisit dans une auberge et prit soin de lui. Le lendemain, il sortit deux pièces d'argent, et les donna à l'aubergiste, en lui disant : "Prends soin de lui ; tout ce que tu auras dépensé en plus, je te le rendrai quand je repasserai." Lequel des trois, à ton avis, a été le prochain de l'homme tombé aux mains des bandits ? »

Le docteur de la Loi répondit :

« Celui qui a fait preuve de pitié envers lui. »

Jésus lui dit :

« Va, et toi aussi, fais de même » (Lc 10, 25-37).

2

L'entame énergique

Le petit conte nommé « la parabole du bon Samaritain », est encadré par deux courts dialogues qui le justifient et sans lesquels il n'a pas lieu d'être : le dialogue initial (v. 25 à 29) et le dialogue final (v. 36 à 37). Vifs et serrés, pleins de respect mais d'un respect sans flagornerie, ces échanges colorés se répondent l'un l'autre par-dessus l'histoire dont ils forment l'écrin.

Ce claquement de deux silex, ce choc de l'expert et du Maître délivre une étincelle propre à éclairer trois choses : la loi de Dieu, le cœur de l'homme et l'histoire du monde. On le verra clairement pour la loi de Dieu, nommément citée, et pour le cœur de l'homme, présenté dans ses vibrations. Pour l'histoire du monde, apparemment écartée de la problématique entreprise par la séquence, il y aurait à élargir notre propos bien au-delà de ce commentaire, en relayant ce qui vaut pour la relation personnelle à chaque cercle d'humanité, par un élargissement progressif depuis la famille jusqu'au genre humain. Une telle recherche montrerait les possibles voies d'une contagion par l'amour en posture du prendre-soin. Elle validerait les principes de la civilisation de l'amour.

L'écrin de la parabole

Serrée entre les deux dialogues, la parabole en dépend totalement pour sa vraie portée. Séparée d'eux, on l'interprète de manière étroite en dégageant à la hache trois catégories d'hommes. Arrachée à son écrin, la parabole enseignerait au docteur qu'il y a trois sortes d'hommes : les méchants-assassins, les bons-attentifs et, dans l'entre-deux, les indifférents-passants. Cette troisième espèce d'hommes, par son inaction raisonnable, nuancerait le dualisme bons/méchants. En dessous de ce que l'on attendait d'eux, ces spécialistes du sacré, le prêtre et le lévite, nous éviteraient malgré tout le manichéisme trop brutal introduit par les brigands et le bon Samaritain. Dans la mesure où cette parabole est lue hors de son contexte, on l'instrumentalise et l'on construit des cases commodes pour ranger son voisin, après l'avoir jugé, et parfois soi-même, quand notre lucidité va jusque-là.

En vérité, une classification rigide étouffe la dynamique de l'amour indiquée au départ de l'entretien et rappelée à sa fin. L'enseignement du Christ prétend à autre chose qu'à forger des grilles pour entretenir la critique : il désigne le prochain à aimer non pas pour nous proposer un système de valeurs à appliquer – sur soi ou sur les autres – mais pour nous inviter à mettre nos chaussures de marche et à mesurer la distance qui nous sépare encore du prochain à aimer. Par expérience, chacun sait qu'aimer l'autre est un chemin en équilibre permanent et, parfois, une aventure sans retour quand l'amour nous entraîne plus loin que ce que nous avions envisagé au départ. Ici des cases, là des routes. Et c'est bien sur une route que se vont se dérouler les faits imaginés par Jésus. Les indifférents – passants – clercs ne se situent pas entre les méchants et les bons. Seul le bon Samaritain circule entre les brigands et les indifférents, entre ceux qui blessent et ceux qui passent. C'est lui qui avance sur cette piste taillée au flanc de la montagne sans heurter la paroi de l'indifférence, construite à force de croiser des miséreux dans la rue, et sans chuter dans l'abîme de la haine, jamais aussi loin qu'on ne le pense et plus attrayant qu'on le croit.

Au centre de son écrin, la parabole nous projette sur le prendre-soin, le care, en nous focalisant sur l'humanité blessée. Les deux discussions l'exhaussent solidement au niveau d'une tendresse soignante en nous fixant sur le commandement de l'amour pour le prochain. L'amour ne vient donc pas « après », en complément des soins et de façon optionnelle, il forme la toile de fond du prendre-soin. Il en est la raison d'être, le dynamisme, la caution. Les deux dialogues le rappellent au cas où nous serions sur un autre dynamisme, plus technique, juste social, à peine humain.

Ne regarde pas ton amour

Par ailleurs, ces deux petits échanges nous parlent de l'amour d'une manière très originale : ils concentrent notre attention non pas sur l'amour lui-même mais sur le prochain à aimer comme si aimer allait de soi. Or, pris dans nos difficultés à aimer celui ou celle qui est auprès de nous, notre conjoint, notre collaborateur, notre ami, nous attendrions un autre discours, plus théorique peut-être, sur l'amour lui-même, soigneusement différencié d'autres sentiments comme la cordialité et la tolérance.

Ici, un constat honnête s'impose : nous nous faisons souvent des nœuds au cerveau pour savoir « comment » aimer l'autre, avec quelle qualité d'amour, distingué en amour érotique, amical ou charitable. La noblesse de cette recherche s'étale au grand jour. Pourtant, derrière cette bonne volonté étincelante, se tient une ambiguïté souvent muette : veut-on aimer l'autre ou souhaite-t-on vérifier que notre amour est beau, correct, ajusté afin de pouvoir se mirer en lui et se valoriser grâce à ce regard sur soi ? Une sorte de narcissisme peut se glisser subtilement dans cette volonté d'aimer juste et bien. Mais la condition de l'homme au présent ne permet pas cette analyse. Celui qui aime ne saura pas s'il aime un peu, beaucoup, à la folie. Il ne détournera pas une part des énergies consacrées à l'amour à s'admirer lui-même : il n'y a pas de miroir sans illusions pour contempler la « beauté » de ses amours. Le miroir de la belle-mère dans Blanche-Neige conduit au meurtre. Il ne renvoie que vanité ou jalousie.

Notre passage biblique ne répond pas à ces questions sur l'amour et ses qualités. Cependant, malgré notre étonnement, ces deux entretiens indiquent l'essentiel qui se résume en une phrase : seule l'extrême attention à l'autre nous permet d'aimer le prochain comme soi-même et donc de répondre au commandement de la Loi. « Ne regarde pas ton amour, regarde celui que tu aimes ! », chante l'homme décentré de lui-même. Ainsi, soigneusement bordée par les deux jeux de questions-réponses, la parabole enseigne inlassablement : l'amour naît, s'élève et se fortifie, se nourrit et se purifie dans un regard absolu sur l'autre, ce prochain dont il ne s'agit plus de savoir comment nous allons l'aimer mais comment nous allons nous en approcher afin de l'aimer.

Avant de scruter en détail cette parabole, il semble qu'un a priori de confiance nous soit indispensable pour qu'elle produise son effet en nous. Il nous faut croire à sa puissance à nous ouvrir en grand la porte de l'amour afin que nous ne la rations pas.

Rétrospectivement, peut-être au terme de cette existence, il nous sera donné de peser la qualité de notre amour. Et cette pesée s'effectuera selon la réussite de l'autre, dans la mesure où nous la connaîtrons. Par ailleurs, sans attendre ce point extrême, il y aura à entrer régulièrement dans un exercice de relecture à partir des fruits et, par lui, de prendre soin de notre prendre-soin.

Un exemple frappant de ce rapprochement entre deux personnes nous est donné dans les Évangiles avec la Vierge Marie, juste après son Annonciation et la révélation de son mystère (cf. Lc 1, 39-56). Elle part vite vers sa vieille cousine Élisabeth dès qu'elle a appris par l'ange Gabriel que celle-ci était enceinte. Elle ne se laisse pas le temps de réfléchir longuement sur la manière dont elle pourrait l'aider ou l'aimer. Elle va à Élisabeth par un chemin long et pénible qui traverse presque tout Israël du nord au sud, de Nazareth à Eïn Karem. Elle s'en approche jusqu'à pénétrer dans sa maison et, à l'instant de la salutation, une rencontre étonnante s'établit entre les deux femmes porteuses d'un enfant, l'une de Jean-Baptiste, l'autre de Jésus-Christ, chacune entièrement disposée à l'autre, vibrante à l'unisson au mystère caché en leur sein. Ce rapprochement fait de Marie le prochain d'Élisabeth et d'Élisabeth le prochain de Marie. Habituellement, on le nomme « la Visitation ».

L'interrogation énergique du docteur

L'entame du premier dialogue est assez brutale, énergique en tout cas, brusque comme un homme qui se lève soudainement :

> Et voici qu'un docteur de la Loi se leva et mit Jésus à l'épreuve en disant : « Maître, que dois-je faire pour avoir en héritage la vie éternelle ? » Jésus lui demanda : « Dans la Loi, qu'y a-t-il d'écrit ? Et comment lis-tu ? » L'autre répondit :

> « Tu aimeras le Seigneur ton Dieu de tout ton cœur, de toute ton âme, de toute ta force et de toute ton intelligence, et ton prochain comme toi-même. » Jésus lui dit : « Tu as répondu correctement. Fais ainsi et tu vivras. » Mais lui, voulant se justifier, dit à Jésus : « Et qui est mon prochain ? » (Lc 10, 25-29).

Que signifie « le mettre à l'épreuve » ? Le docteur teste le Christ, il lui « met la pression », il rejoint la cohorte des auditeurs du Seigneur peu disposés à l'écouter sans objection. Il le sonde avec l'intention de le pousser dans ses retranchements. Il ne le questionne pas comme un disciple son maître, malgré l'appellation trompeuse de « Maître », mais il entreprend ce qu'au Moyen Âge on nommera une *disputatio*, une sorte de débat vigoureux où l'on cherche à comprendre la pensée de l'autre mais sans lui faire le cadeau d'un a priori positif. La confiance dans l'autorité du Christ n'est pas acquise mais cette absence de « foi » chez le docteur ne pose pas de problème au Christ, il l'admet très bien, il va répondre à égalité, il entre volontiers dans cette lutte verbale dont va sortir un enseignement précieux.

Cette « mise à l'épreuve » autorise tous les lecteurs, croyants ou incroyants, à entrer dans le débat sur le prochain. On pourrait ajouter que le docteur y pénètre avec toute la force de sa droiture, avec une énergie rare, tandis que bien des disciples acquis par avance se montreront rétifs à l'enseignement du Christ, quand bien même ils auront connu son intimité et son appel. Pour se laisser conduire vers la lumière, l'intérêt de l'esprit fait bien plus que les a priori positifs ou négatifs. Blaise Pascal fit un jour la confidence à sa sœur qu'il n'entrait en discussion qu'après avoir vérifié que son interlocuteur cherchait vraiment la vérité. La recette est toujours bonne. Il arrive que, derrière la foi placée en avant-garde, avancent en silence beaucoup de mauvaise volonté et de résistance à la conversion.

hommes, de manque de sens, de solitude ? Souffre-t-elle de l'un de ces besoins de l'homme dont parle si bien Simone Weil dans *L'enracinement* ? L'illettrisme spirituel ne conduit pas très loin et, en ce domaine, les autodidactes sont rares. Apprendre à lire dans son cœur comme on apprend à lire, et à lire des grands auteurs, ne serait-il pas aussi nécessaire que l'informatique ou la géographie ?

La question de la vie éternelle au XXIe siècle

En tout cas, pour cet homme spirituellement cultivé qu'est le docteur, l'inquiétude profonde s'explicite en désir de vie éternelle, d'une vie pleine et joyeuse, saturant le temps afin de le dépasser un jour. En cette première moitié du XXIe siècle, cette inquiétude intérieure n'est peut-être pas aussi décalée qu'un certain rationalisme pourrait le prétendre. Encore une fois : son analyse et sa formulation peuvent aujourd'hui ne pas correspondre aux mots d'hier. Pour autant, elle se cache encore au sein de notre esprit, prompte à jaillir hors de son terrier au premier vent de printemps ou à l'odeur d'un danger imminent.

Or, en ces temps qui sont les nôtres, une crise mondiale s'ouvre sous nos pieds, ou tombe sur nos têtes, on prendra l'image qu'on veut.

Un cycle s'achève, celui de la recherche de sens dans un monde désenchanté. Une nouvelle inquiétude se fait jour, celle du vécu du temps et en particulier de sa maîtrise et de son sens. Il n'est pas inutile de s'attarder un peu sur ce « moment » singulier car c'est le nôtre et il nous rapporte à un creusement inattendu, une inquiétude viscérale, contre-pied d'un matérialisme infantile.

Après la conquête de l'espace – et de l'espace intra-stellaire et interstellaire –, l'homme bute sur une finitude.

Il a fait le tour de la question spatiale au moment même où son immensité lui est dévoilée, on parle en milliards d'années-lumière. Bien que des tentatives émergent pour nous faire rêver de Mars, nous ne vibrons plus pour la conquête de la Lune, quand nous nous levions la nuit pour regarder à la télévision les premiers hommes poser le pied sur notre satellite (1969). L'homme ne se sent plus dépassé par l'espace, les territoires lui sont connus, il n'y a plus de *terra incognita* à découvrir, la maîtrise des voyages lui semble acquise, à tort ou à raison, il se situe en connaisseur d'un univers dont les limites ne l'étourdissent plus.

À ce moment précis – qu'est-ce qu'un demi-siècle au regard de l'évolution humaine ? – où la domination de la matière et des étendues ne pose de problème que par ses excès – la consommation de la matière, la destruction d'êtres vivants –, il perd la maîtrise du temps, cherchant désespérément une relation féconde au temps mesuré, celui de nos horloges, persuadé qu'il lui faut s'arracher aux secondes cadencées pour attraper les instants évanescents, poussières temporelles mal accrochées à sa concentration. Sa prétention à la maîtrise de l'espace s'accomplit en perte sèche de la maîtrise de ce qu'on nomme le temps avec toutes ses composantes.

En raccourci, pour juger de notre période historique (et dans la mesure où une telle analyse est déjà possible), nous pourrions soutenir qu'au temps du sens succède aujourd'hui le sens du temps. Dans le cadre mental esquissé par cette formule, la quête et la requête de la vie éternelle reprend tout son poids. C'est peut-être ce que l'homme contemporain cherche encore et d'une façon nouvelle, même si les mots lui manquent pour le dire, quand il poursuit assidûment le rêve d'une vie sereine et utile, joyeuse et grave, sans limite et pleine de sens, alors qu'il s'enlise dans un temps trop court ou trop long, un temps décomposé par la précipitation et les (fausses ?) urgences, un temps inabouti délaissé par le progrès, et dont seule l'Apocalypse terminale pourrait clore la folie. Alors que les instants coulent en nous sans s'arrêter, que les vagues de l'histoire nous bercent ou nous chavirent, que tout se dresse en obstacles ou en vanité, où allons-nous chercher la fin du temps, son sens et donc son acquisition voire sa domination ?

Le poids en l'homme de la vie éternelle

Alors que nous avons fatigué la Terre, que nous l'avons épuisée, peut-être, le désenchantement du monde et le non-sens du cosmos s'esquivent discrètement au profit d'un autre questionnement, lié à nos incertitudes d'avenir, qui fait suer nos sagesses : où va l'instant, où va l'histoire, où va le temps ? La tradition religieuse répond par l'éternel, l'éternité, ce « quelque chose » au-delà du temps, déjà dessiné dans la durée, la condensant ou l'étirant au maximum, une sorte de vitalité qui traverse le temps et le déborde. Si nous ne pouvons pas décrire l'éternité, paradisiaque ou infernale, nous pouvons l'approcher, tourner autour d'elle à partir de ce que nous respirons, le temps. Il n'est pas assuré que nous en ayons une bonne connaissance mais, à tout le moins, nous en avons une certaine expérience. Restons modestes : l'éternité n'est pas le temps ni même un temps prolongé à l'infini, et notre imagination a vite fait de jeter l'éponge. Néanmoins, l'éternité et le temps se tiennent par la main, l'éternité se fait « sentir » dans le temps, celui-ci la pointe du doigt, discrètement d'abord quand les projets de la jeunesse mûrissent encore, puis douloureusement quand le cœur n'a pas trouvé un pain à sa faim dans l'aboutissement de ses traversées terrestres.

À celui qui ne rechigne pas à affronter ses gouffres les plus formidables, cette relation énigmatique entre le temps et l'éternité offre l'expérience, en creux, de la vie éternelle.

Les images changent, il reste malgré tout une expérience intemporelle. La question du docteur nous renvoie à cette quête intime, rarement évoquée avec d'autres tant elle nous paraît bizarre. Avec des mots contemporains, et certainement malhabiles, nous pourrions décrire ce goût de la vie éternelle, dans le désir de vivre sans mesure et sans terme, telle une soif étrange inscrite dans une existence mesurée par l'instant et obstruée par la mort. Il est insolite, ce goût, ce penchant, cette tendance savoureuse et douloureuse à la vie éternelle alors que nous piétinons dans le temps ou que nous le piétinons au point de nous y ensabler tant il est un sable mouvant, un sable coulant. Certains hommes identifient clairement ce goût en eux : ceux-là ne pourront plus rester tranquilles à compter les jours et accumuler les années sans autres soucis que ceux du lendemain. À partir du moment où l'homme se saisit fermement de ce penchant en lui, la question de la vie éternelle le taraude.

Mais vers qui se tournera-t-il pour trouver une réponse ? Il n'y aura plus pour cet homme de retour en arrière, on ne remonte jamais la pente vers la vie éternelle. Parfois, un vertige le saisit et il ne s'en sort qu'en détournant la tête, en se ruant sur les choses à faire car l'action concrète l'apaise à mesure qu'elle exige son quota de concentration. D'autres fois, ce désir le travaille sans qu'il ne puisse rien faire, sinon tomber à genoux, de préférence au désert, et sonder le brouillard de l'invisible. Les hommes de foi peuvent lever les yeux vers le ciel, vers des réalités ouvertes pour la foi et jamais entrevues par nos yeux de chair. « Haut les cœurs ! » est-il dit dans la liturgie catholique avec une formule traduite aujourd'hui par « Élevons notre cœur ». « Je lève les yeux vers les montagnes, chante le psaume, d'où le secours me viendra-t-il ? » (Ps 120, 1).

Ajoutons que ce poids de vie éternelle en nous donne sa consistance à la vie temporelle : il n'y a qu'une vie, dont nous connaissons le début au sein de la mère, mais dont nous ignorons tout de la fin, si tant est que nous puissions parler de la fin, croyant que la mort n'est qu'un trompe-l'œil aux apparences insistantes. Lorsque, cheminant avec la parabole, nous retrouverons la question de la vie, d'une vie blessée et morte pour moitié, elle se posera pour le lecteur en termes de vie à taille éternelle, ce qui est une tout autre manière d'approcher la vie humaine. Le regard sur elle change du tout au tout. Ainsi, on ne parlera jamais de vie éteinte mais de vie atteinte. L'objet du care, la vie atteinte, prend une valeur infinie, éternelle, pour le dire en un mot. Le care n'est plus le prendre-soin d'une flamme qui s'éteint doucement mais le prendre-soin d'une vitalité en passage délicat.

Malgré son côté provoquant, cette question du docteur exprime le grand tourment de son cœur. Il eût été correct que le Christ y réponde franchement.

Une réponse déroutante

Que va répondre Jésus, probablement fasciné par la vivacité et la franchise de cet homme ? Il répond à la question par… une question : « Jésus lui demanda : “Dans la Loi, qu'y a-t-il d'écrit ? Et comment lis-tu ?” »

Cette riposte donne l'impression pénible de détourner le problème ou de botter en touche. Ce procédé déroutant relève avant tout du respect par Dieu de la liberté et de l'intelligence humaines. Connaissant la tendance de l'homme à réclamer toujours plus de liberté mais aussi sa promptitude à s'en débarrasser sur d'autres dès que possible, le Christ se refuse à fournir une solution toute faite. Il repousse les prêts-à-décider de la grande confection idéologique, laquelle ne se fait pas prier pour indiquer le chemin à suivre, de façon policière s'il en est besoin. La double interpellation s'explique donc comme une formule de respect réclamant un double effort : qu'est-il écrit, comment lis-tu ? Qu'est-il écrit que tout le monde peut déchiffrer de la même façon que toi, et comment interprètes-tu personnellement ce qui est lisible par tous ?

Homme, jamais Dieu ne recule à te demander l'effort proportionné à ce que tu es. Ne compte pas sur lui pour te déresponsabiliser, la lecture demandée est un effort d'intelligence et de méditation personnelle sans lequel ta vie ne t'appartient plus. Le labeur du discernement ne te sera pas évité et l'ultime dialogue le confirmera. Dieu te renvoie à ta capacité personnelle à te diriger, le Christ n'élude pas ta demande au motif qu'il ne répond pas à tes lancinantes interrogations comme tu l'aurais souhaité. Il se refuse à fonctionner comme une machine fournissant mécaniquement le produit demandé lorsque tu y introduits une pièce de monnaie.

Ainsi, dans des circonstances identiques, le discernement conduira un homme sur une voie et un autre sur une autre. Si le Christ répond par une question, c'est donc pour responsabiliser l'autre et lui permettre de trouver la réponse en lui. Échouant à le mettre en effort intérieur avec cette première réponse, comme nous le verrons, Jésus aidera le docteur par la parabole du bon Samaritain, la parabole étant un moyen efficace pour renvoyer au cœur. Là où le jeu de question/réponse ne suffit plus, le conte bouscule l'inertie mentale et la paresse spirituelle.

Le renvoi à la loi générale

Mais il y a plus grave dans cette réponse-question du Christ, c'est ce retour à la Loi. L'intérêt (moderne) à ne jamais être uniformisé, à revendiquer la reconnaissance répétée de son identité personnelle, ne trouve pas son compte dans ce renvoi à la voie commune. Loin de lui donner un conseil d'accompagnement adapté à son itinéraire, le Seigneur Jésus le rapporte à la loi générale. Il le remet dans un cadre valant pour tous.

On imagine aisément l'homme auquel on peut facilement s'identifier, en panne d'avancées significatives dans sa vie, crispé sur son bonheur, désireux de bien faire, un homme empli d'aspirations flamboyantes mais enfoncé dans des tiédeurs habitudinaires, un homme au bord du découragement, hésitant à renoncer mais tenté d'abandonner, embrouillé dans sa tête, sonné par le choc de ses désirs immenses quand ils s'écrasent sur la muraille de ses incapacités. Cet homme espère de ce rabbi puissant une prophétie pour lui, un signe de Dieu fait sur mesure pour poser le pas suivant. Qu'entend-il en réponse ? Un retour à la généralité de la Loi. Ce genre de conseils, les accompagnateurs n'en manquent pas, ils en font des provisions pour les hivers de leur discernement, ils les déballent de bon cœur sans s'assurer qu'ils fassent du bien.

La quête particulière du docteur est plaquée sur les généralités des commandements. Sans forcer l'interprétation, dans un laps de temps baigné d'un silence surpris, on pourrait presque entendre le soupir de sa déception : « Ce grand rabbi capable de s'intéresser à tous ces parias placés sur son chemin n'a pas semblé faire beaucoup d'effort pour mon cas particulier. » Il s'attendait certainement à autre chose que ce qui est l'objet de ses études quotidiennes, la Loi. Or, la suite le démontre, Jésus répond avec pertinence : ce n'est probablement pas la réponse qu'attendait le savant, mais c'est la seule ajustée à sa quête inquiète.

Pourquoi Jésus répond-il ainsi ? Pourquoi ce détour par la Loi ? Cherche-t-il à noyer le poisson, à dissoudre la personnalité de son interlocuteur dans l'ordre du clan ?

Assurément une loi, fut-elle divine, existe pour établir des codes communs et répétitifs. Le code de la route l'illustre parfaitement : seules des règles suivies par tous rendent possible la circulation sur une même voie. Sans lois valant pour chacun, aucune vie en société ne peut s'établir ou durer au-delà des enthousiasmes initiaux, quand chacun s'accorde spontanément aux autres. Une association réclame des statuts, une communauté religieuse une règle, etc. Tout cela va de soi et la question du docteur ne nie pas la Loi, il cherche simplement son chemin singulier. Malgré la clarté de cette recherche, le Christ le rapporte à la Loi comme point de passage obligé pour avancer dans son action concrète.

Ce procédé s'applique-t-il aux dépens de notre singularité, de notre personnalité chérie ou, au contraire, se met-il en place pour un élargissement et une sécurisation de notre identité personnelle ? On ne perd pas son temps en tentant de répondre à ces questions, autour desquelles sont suspendus tous nos codes et nos lois et, de façon générale, l'autorité du chef. Pour nous, dans cette réflexion sur le care, une telle étude sur la loi générale sera garante que le prendre-soin n'est pas livré à tout jugement, qu'il rentre dans un processus général dont chaque étape est reconnue et validée.

3

Le vif débat

En plaçant le savant face à la Loi, Jésus n'entend ni fuir le débat ni se moquer d'un expert. Au contraire, il cherche à le rassurer, le mobiliser et le motiver. Il lui rappelle que, si la Loi est l'objet de sa recherche théorique, elle est aussi la règle de sa vie pratique. Par ce fait, toutes les demandes singulières y seront référées, leur multiplicité s'adosse à son cadre, elles s'intègrent toutes dans une orientation commune et, en ce sens, aucune d'entre elles n'échappe à la loi générale. La Loi soutient un peuple mais elle sert aussi l'homme particulier et elle le sert bien, elle l'enracine sur une terre féconde dès lors que l'homme la retrouve dans le fouillis de ses inquiétudes humaines.

L'Orient commun

Pour accéder à cette vision positive de la Loi, il est nécessaire de la comprendre dans sa vocation profonde et de l'interpréter en tant que source de vie.

La Loi donnée par Dieu au peuple élu se nomme la Torah. En réalité, la Loi déborde la Torah par son extension, ses livres et ses décrets, mais la Torah en est l'âme et le centre. C'est la raison pour laquelle Loi et Torah sont souvent identifiées. La Torah écrite se compose des cinq premiers livres de la Bible dont le livre du Lévitique cité par le docteur. En français, le mot « loi » évoque un code (le Code civil, le Code pénal…), un ensemble d'ordonnances et de décrets, quelque chose de figé dans le marbre. Pour l'homme de la Bible, ce mot annonce la vie et indique son orientation[1].

Revenir à la Torah, c'est retrouver la direction de notre Orient, l'achèvement de la vie ; c'est être attiré dans le bon sens, trouver son nord pour ne pas être déboussolé par son quotidien ; c'est reprendre le chemin du bonheur, indépendamment des émotions et des brouillages aux multiples origines ; c'est ne pas se laisser entraîner vers le bas. Mais cette orientation vers la plénitude suppose que chacun sache et reconnaisse qu'il est fait pour une même fin, que le nord est bon pour lui comme pour tous, que l'indiquer n'est pas une régression ni un détournement de sa liberté mais sa condition et son épanouissement.

---

1. « Notre peuple existe par l'unique vertu de la Torah », comme l'écrivait un rabbin, il y a plus de mille ans (Gaon Saadia). « L'étymologie du mot "Torah" est le même que celui de "*Mōrē*", מורה, "l'enseignant" : "*Līrōṯ*", לירות, "tirer", au sens de "viser un objectif" » (source : Wikipédia, article « Torah »). Le mot hébreu procède de « *yarah* » qui signifie : jeter, lancer, tirer, projeter, et ce n'est que le sens dévié qui donne : enseigner, montrer, indiquer. Si nous reprenons maintenant les quatre lettres qui composent le mot Torah, nous trouvons la triade « *tor* » et la lettre « *hé* ». Le mot « *tor* » comporte des significations multiples : un temps : âge, époque ; un espace : forme, aspect ; un lieu de rencontre espace-temps : la rangée, l'ordre, le tour, l'échéance de quelqu'un ou d'un événement ; une action d'exploration : parcourir, explorer. Cette rencontre spatio-temporelle nous renvoie au premier sens : projeter, tirer, lancer. La Torah est un projet, un devenir : un lieu de rencontre espace-temps. Voilà donc un premier isomorphisme avec le devenir spatio-temporel que constitue Israël. À ce « *tor* » vient s'ajouter la lettre « *hé* » pour former le mot *Torah*. Que signifie ce « *hé* » ? Il renvoie à la transcendance divine. C'est le « *hé* » de la création (source : Lamed.fr).

Ce « retour à la Loi » pose un immense défi alors que les autorités sont fragilisées et que le « rappel à la Loi » est vécu comme une punition, bien qu'il soit imposé pour éviter une sanction pénale plus grave[1].

Certainement ému par la question si belle du docteur, le Christ ne cherche pas à lui éviter le pire, comme un « rappel à la loi » judiciaire, mais à le réorienter à l'heure d'une puissante interrogation personnelle sur le chemin à suivre. La conduite du docteur par le Christ est tout à fait remarquable : au lieu de le laisser s'enfermer dans le particulier, son cas personnel susceptible de devenir obsessionnel et qui finirait par le centrer définitivement sur lui-même – alors qu'il s'agit d'aimer son prochain – s'il était laissé à son seul jugement sans autre référence, le Christ l'invite à élargir sa vision en reprenant pied sur ce qui vaut pour tous.

Il invite son auditeur à se saisir de la boussole pour trouver le nord et, l'ayant trouvé, à s'élancer de toutes ses forces sur sa piste personnelle. Si la boussole est perdue, comment le marcheur saura-t-il prendre et tenir son cap sur la mer sans se briser sur les rochers, sa piste dans le désert sans mourir de soif, son chemin dans la Cité sans se perdre dans une impasse ? C'est la raison pour laquelle la loi de Dieu, loin de l'aliéner, le sécurise sur son parcours individuel.

Si les chemins sont pluriels, le nord est unique, identique pour tous, chaque personne s'inscrivant dans la même nappe humaine. L'hyper-individualisme contemporain a besoin d'entendre cette leçon : chacun est unique,

1. « Selon la circulaire du 16 mars 2004, le rappel à la loi consiste, dans le cadre d'un entretien solennel, à signifier à l'auteur, la règle de droit, la peine prévue et les risques de sanction encourus en cas de réitération des faits » (Wikipédia).

exemplaire sans copie, et pourtant jailli d'un même sol humain où valent des lois communes. La peur viscérale d'être réduit à une pièce standardisée ne doit pas nous conduire à rejeter ce qui nous est commun, telle la Loi quand elle vient de celui qui nous a faits et dont la fécondité est l'homme vivant. Non pas la Loi, mais la volonté d'orgueil transforme les hommes en briques anonymes destinées à la tour de Babel.

Un cœur de chair pour accomplir la Loi

L'immense prophétie d'Ézéchiel confirme cette vue en y ajoutant un élément nouveau: «J'ôterai de votre chair le cœur de pierre, je vous donnerai un cœur de chair. Je mettrai en vous mon esprit, je ferai que vous marchiez selon mes lois, que vous gardiez mes préceptes et leur soyez fidèles» (Ez 36, 26-27). Quand Dieu refait l'intérieur humain, changeant notre cœur de pierre en cœur de chair, et nous verrons l'importance de ce changement, il n'abolit pas la Loi mais au contraire, en nous personnalisant davantage, il nous donne la possibilité de la mettre en œuvre réellement. Le renouveau du cœur n'est pas pour s'affranchir de la Loi mais pour l'accomplir. En ce sens, en nous donnant un Esprit nouveau, le Christ accomplit la Loi et il ne l'abolit pas (cf. Mt 5, 17). Un cœur aimant n'éreinte pas la Loi, il la rend exécutable. Le commandement peut se mettre réellement en pratique si et seulement si le cœur est changé. La parabole du bon Samaritain se donne en exemple de l'accomplissement de la Loi rendu effectif grâce à un cœur de chair. Elle le montre à travers la mise en œuvre d'un seul commandement, celui de l'amour du prochain.

Dans une parabole déjà citée plus haut, celle de Lazare et du mauvais riche (cf. Lc 16, 19-31), Jésus rappelle à nouveau la nécessité de passer par la Loi. Couché à la porte d'un riche au nom inconnu, le pauvre Lazare ne peut même pas se nourrir des miettes tombées de la table opulente. Le riche et le pauvre meurent. Un dialogue stupéfiant se déroule alors entre le riche brûlant en enfer et Abraham tenant Lazare en son sein. D'abord pour lui puis pour ses frères, le riche intercède auprès d'Abraham pour obtenir un peu de soulagement ou, à défaut, que Lazare, figure du pauvre, retourne sur terre prévenir ses frères afin de leur éviter semblable malheur. Mais la réponse du père des croyants est sans nuance : « Abraham répondit : "Ils ont Moïse et les prophètes ; qu'ils les écoutent." Et il dit : "Non, père Abraham, mais si quelqu'un des morts va vers eux, ils se repentiront." Et Abraham lui dit : "S'ils n'écoutent pas Moïse et les prophètes, ils ne se laisseront pas persuader par quelqu'un qui ressusciterait des morts" » (Lc 16, 29-31).

La Parole nous a été donnée, une bonne fois pour toutes, et la négliger au profit du miracle serait illusion. Le spectaculaire nous étonne, il ne change pas notre vie. La Loi, ce grand signe offert à tous, suffit pour s'ajuster à sa propre destinée, fut-ce au prix d'une rude conversion, d'un changement radical de mentalité.

Sur ce thème de la loi comme pour la recherche de la vie éternelle, ne sommes-nous pas entrés dans une ère nouvelle, substantiellement différente de celle du dernier siècle ? À force de subir une société liquide et sans repères, les jeunes peinent à s'orienter, les possibles trop nombreux se transforment en brouillard d'incertitudes, à force d'avoir à tout décider, ils usent leurs meilleures énergies pour des riens. Une étudiante, brillante et croyante, se confiait un jour : « J'en ai assez de toujours décider seule, d'avoir à tout inventer, donnez-moi par pitié des lignes de conduite. Dites-moi ce que je dois faire ? » Les influenceurs catholiques remontent la même angoisse de leurs abonnés : quand dois-je prier ? Que manger en Carême ? Et tant d'autres questions extrêmement concrètes, consécutives à leur découverte de Dieu. Il semble à ces jeunes que seul un cadre juste puisse répondre à la fatigue du choix. S'inventer soi-même à chaque coude du chemin ne leur semble plus l'idéal, ils préfèrent aller loin sur un chemin solidement balisé que d'explorer tous les champs du possible. Ils ne rêvent plus d'inventer la montagne mais de la gravir.

Le feu de leur cœur enflamme le buisson de la Loi mais sans le consumer. Ces jeunes ont compris que la règle n'éreinte pas la liberté, que les principes ne condamnent pas à l'inaction, qu'il est stérile d'opposer la complexité de l'existence à la clarté de la Loi.

La dimension sociale de l'amour

Grâce à cette évocation de la Loi, la dimension collective du care nous est rappelée dès le départ, comme elle le sera à son terme avec l'entrée dans l'auberge, au bout de la route. Derrière le souci individuel d'un prendre-soin de qualité, la question sociale, légale et communautaire se dresse dans toute sa hauteur. Ce qui vaut pour le docteur vaut pour tous. Ce qui vaut pour tous vaut pour le docteur. À travers cette marque sociale et légale, le lien entre deux êtres humains pourra donner forme à toute la société des hommes. C'est que chaque société a une « forme sociale » avec ses limites mais aussi ses atouts. Avec ses habitudes ou ses coutumes.

Mais aujourd'hui, une question émerge progressivement dans la conscience de nos concitoyens : quelle autre forme sociale nouvelle peut conjuguer harmonieusement le droit et la technique avec l'être humain et sa transcendance ? Si naguère, au rapport de force a succédé un rapport de droit et de justice, il serait opportun qu'au temps de la justice succède celui de l'amour, une nouvelle « forme » de la société. On revient à cet appel introductif au « pas de l'amour », à la marche en avant vers un monde du prendre-soin.

La question de la Loi, posée par le Christ en réponse à celle du docteur, souligne la possibilité d'étendre à toute la société ce qui vaut pour la relation personnelle. Providentiellement, dans les débats contemporains, a surgi cette expression du care. Ce mot a des dérivations idéologiques ou politiques que nous ne sommes pas tenus d'honorer. Mais il met surtout en lumière une autre façon d'être entre nous, avec nos implications individuelles mais aussi collectives. C'est tout notre système économique, politique, social qui pourrait enregistrer une nouvelle dimension de nos liens, celle de l'unicité de chacun, celle de l'empathie, de l'affection, de l'amour.

De la vie éternelle à la vie en société

De ce premier temps d'échange entrepris par le docteur de la Loi se dégagent donc deux dimensions essentielles qu'il semble bon de graver à la porte du care. Elles engendrent le plan sur lequel vont marcher ensemble le Christ, son auditeur et toutes nos sociétés, dans la mesure où elles accueillent ce message intemporel, ce « rêve de l'amour » pour les peuples.

D'abord, la dimension de la « vie éternelle », comme souligné plus haut. Tout commence par la question du sens mais d'un sens donné par un but transcendant. Le monde ne s'arrête pas à ses frontières spatiales ou temporelles. Voilà une première exigence posée à une société désirant s'engager sur la voie du care : il n'est pas demandé qu'elle impose une vue unique, une religion obligatoire, par exemple, mais elle est mise en demeure d'intégrer que l'arrière-fond humain est tout entier sous-tendu par cette laborieuse demande : où allons-nous au-delà des frontières du temps ? La disparition de cette interrogation ne permet plus d'honorer intégralement la suite, cette valorisation par le soin d'un homme transcendant au monde et irréductible à une catégorie sociale.

Ensuite, la dimension d'une harmonieuse conjugaison entre le singulier et le pluriel. La notion de care semble très perspicace pour mettre en place cette harmonie dans nos institutions :

> La notion de care recouvre donc différents niveaux : individuel, relationnel, collectif et institutionnel. Elle est lisible en termes de relations, d'acteurs, de pratiques et de dispositifs. Nous l'avons compris, un des enjeux majeurs du care est le niveau de régulation entre la sphère du domestique et celle du politique dans l'élaboration des relations sociales[1].

L'opportunité d'un care « légalisé » comme minimum social reviendra au terme de l'itinéraire, avec l'arrivée du Samaritain dans la foule grouillant à l'auberge. Mais ce renvoi à la Loi montre déjà une piste sûre : le soin le plus proche, le face-à-face le plus chargé d'émotion, n'exclut ni la société ni l'éthique universelle. Ce sont elles, au contraire, qui protégeront cette relation émotive de déviances graves, d'une part, et qui, d'autre part, la soulèveront à son meilleur niveau, celui d'une fidélité assumée jusqu'au bout.

1. Élisabeth NOËL-HUREAUX, « Le care : un concept professionnel aux limites humaines ? », *Recherche en soins infirmiers*, 2015/3, n° 122, pp. 7-17.

La deuxième question du docteur

Le docteur n'en démord pas. L'approbation du Christ et son appel, « tu as répondu correctement, fais cela et tu vivras », ne le satisfont pas. Peut-être veut-il avoir le dernier mot, peut-être son cœur ne trouve-t-il pas encore son pain et sa raison, sa logique ? Il renchérit donc : « Mais lui, voulant se justifier, dit à Jésus : "Et qui est mon prochain ?" »

Après avoir rappelé le double commandement de l'amour, le docteur le découpe en deux, concentrant le débat sur le prochain pour « se justifier ». Pourquoi se justifier de cette façon et de quoi se justifier en face de Jésus ? Se justifier qu'il est aisé de viser Dieu puisqu'il est Unique, bien que mystérieux pour le regard, tandis que le prochain est compliqué à aimer parce qu'il est pluriel, bien que visible par les yeux ? Serait-ce là une ultime esquive de sa part ?

« Qui est mon prochain ? » Pour le néophyte de la Bible, cette question plantée devant Jésus par ce connaisseur des Écritures semble être une boutade, une sorte de conclusion ironique pour mettre un terme au dialogue, pour s'en sortir par le haut dans un débat où il a voulu mettre à l'épreuve le Christ. En réalité, dans l'expertise biblique, certains commandements de la Loi peuvent s'opposer les uns aux autres selon les circonstances. Il est toujours utile d'avoir l'avis d'un rabbi supplémentaire pour une aide au discernement[1].

Peut-être, en effet, la préoccupation du docteur porte-t-elle sur une éventuelle difficulté à coordonner l'amour du prochain avec l'amour pour Dieu ? Dois-je respecter le sabbat ou porter secours à mon voisin ? Peut-être a-t-il aussi rencontré des difficultés sur le choix entre deux

1. Cf. Philippe Bossuyt, Jean Radermakers, *Jésus. Parole de la grâce selon saint Luc*, *op. cit.*, p. 280, note 54.

prochains, le soin de l'un excluant le choix de l'autre? Nous ne saurons jamais ce qui a motivé la perplexité du savant, mais le Maître a senti plus qu'un jeu, il a entendu un intérêt vital, engageant de sa part une réponse charpentée, celle de la parabole.

Mais pour nous, quelle importance réelle revêt cette demande du docteur? Il n'est pas évident que cette question en soit une pour notre temps, et c'est ce en quoi elle est étrange. S'il est un problème à résoudre aujourd'hui, il aurait pour thème central l'amour que nous devons à Dieu, si tant est qu'il existe. Au nom de la laïcité, nos ONG – chrétiennes ou pas – auraient tendance à gommer l'amour pour Dieu, comme une donnée inutile voire dérangeante, susceptible de capter une part des énergies consacrées au prochain. Certes, dans l'esprit des Écritures, l'inverse est présenté comme vrai: c'est l'amour que nous avons pour Dieu qui gonfle nos forces et donne l'énergie pour aimer son prochain. Mais ce retournement biblique des deux amours n'est que très rarement validé par un monde éloigné de la sensibilité religieuse. L'incroyance pratique propose un vrai défi à notre foi: l'amour pour Dieu a-t-il encore une place à côté de celui pour le prochain? Ce défi et les questions qu'il génère est une vraie question, intéressante au moins pour les croyants.

Or, ce défi n'est justement pas celui proposé par le docteur! Et c'est là que sa question peut nous sembler sans intérêt, obsolète, érigée dans le cadre d'un monde où la piété pouvait négliger le partage. Elle ne semble plus correspondre à un monde qui se prive volontairement de Dieu en se tournant vers l'homme et qui croit savoir qui est l'homme à aider.

Certes, sur le papier, la question du docteur interpelle encore croyants ou incroyants dans la mesure où elle engage les droits universels de l'homme, parfois remis en cause par l'appel à reconnaître le droit des vivants ou le droit de la terre. Mais en pratique, toute personne généreuse croit savoir instinctivement qui est le prochain. La générosité nous le fait voir, la bienveillance nous le fait aimer, la bienfaisance nous le fait aider. C'est la petite vieille incapable de faire ses courses, le jeune migrant sans papiers, le malade dans son hôpital, etc. Il suffit d'ouvrir les yeux et les pauvres remplissent le paysage de nos vies. Nous pensons savoir qui est notre prochain dans la misère à défaut de connaître le lointain dans le besoin. Cette demande faite à Jésus nous paraît factice, un jeu verbeux car, en pratique, elle soulève peu de problèmes, nous en connaissons la réponse qui est sous nos yeux dès qu'ils s'ouvrent un peu à la présence du malheur autour de nous.

C'est quoi un prochain ?

Et pourtant, en face de ce docteur comme en face de nous, vingt siècles plus tard, le Christ s'en saisit et lui donne une réponse développée. Cette ténacité du Christ nous intrigue. On imagine volontiers la surprise de son auditeur devant la façon qu'a Jésus de rebondir à la verticale sur le mur de son questionnement. Pourquoi cette obstination de Jésus à ne pas lâcher cette conversation tâtonnante ?

Devant cette ténacité à poursuivre, il y a une première réponse facile dès que nous ne sommes plus isolés sur une île déserte. Le docteur et nos contemporains comprennent aisément que la question se pose de « choisir » son prochain dans la mesure où on ne peut s'occuper de tout le monde. C'est le choix douloureux évoqué plus haut entre deux blessés graves débarquant à l'hôpital, entre deux personnes tombées à la mer et une seule place sur le radeau. Un discernement s'impose souvent pour trouver la solution la moins pire devant des équations difficiles à plusieurs inconnues : où dois-je m'investir ? Chez moi, avec des enfants qui traversent une période difficile ? Dans la rue, avec des sans-abri au milieu de l'hiver ? On peut donc donner à la question un premier sens réaliste et toujours actuel : qui est mon prochain, c'est-à-dire qui dois-je choisir comme personne à soutenir ici et maintenant, parmi tous ceux qui se présentent à moi ? La parabole du Samaritain n'exclut pas ce sens évident, néanmoins elle risque de décevoir car elle ne liste pas les critères de sélection. Nous le verrons, l'homme dont on doit prendre soin, nous ne le choisissons pas, il traîne sur notre chemin de vie et s'impose à notre cœur. Ce n'est pas tant une sélection objective qu'une élection subjective qui fait le prochain.

Mais la question théorique soulevée par le docteur ne se réduit pas à ce sens d'un choix « sélectif ». Elle tiendrait plus exactement dans une formulation idéale : donne-moi une définition efficace du prochain. Ne me dis pas lequel choisir entre deux pauvres mais indique-moi de quoi se revêt cet homme pour que je l'insère en moi comme un prochain à aimer. Sachant que le commandement de l'amour ne porte pas sur tous les hommes mais sur mon prochain, pourquoi et comment cet homme-là est ou devient mon prochain ? Le docteur ne s'interroge plus sur lequel choisir parmi les hommes mais sur la qualité originale qui fait d'un homme quelconque mon prochain à aimer. Pour le dire autrement : c'est quoi un prochain ? Imaginons une foule autour de nous, qu'est-ce qui fait de tel homme, inconnu parmi tous, un prochain focalisant mon amour ? Est-il plus beau, plus douloureux, plus rejeté ? Qui est-il cet élément indifférencié de la masse pour qu'il soit ce prochain que la Loi me fait l'obligation d'aimer ?

L'autre dicte ton amour

Au terme de ce premier temps, le savant et le Maître se cooptent pour nous entraîner en altitude. Nous quittons la question du choix à faire, pour nous installer sur l'orbite du décentrement, à la hauteur du Royaume. Le désir du docteur nous y conduit, la parabole du Christ va nous y maintenir. Qui est mon prochain ? Cette minuscule demande nous force à regarder l'autre, à jeter le miroir pour la longue vue.

Au lieu de compliquer l'amour ou de le noyer dans les marais de nos introspections, l'un et l'autre nous font l'injonction suivante : si tu veux aimer, c'est simple, fixe ton regard et ton cœur sur l'autre, et prends le chemin du care. L'un et l'autre enseignent que l'amour ne se constitue pas par sa source, la volonté de celui qui aime, mais par sa cible, celui qu'il aime, ici le prochain. L'amour n'est pas beau ou médiocre en raison de celui qui aime et de son désir d'en faire un amour splendide ou quelconque ; il n'est pas un bel amour parce que je décide de le mettre sur un podium ; il n'est pas fidèle ou volage parce que mon cœur est solide ou volatile ; il n'est pas d'abord ce qu'il est grâce ce que je suis, même si ce que je suis le rend possible ou impossible, mais il est ce qu'il est en raison de ce qu'est l'autre pour moi. Si j'en fais mon prochain, alors je l'aime en prochain. S'il se présente en lointain, alors je l'ignore en lointain.

Les amants de la sagesse parleraient de l'intentionnalité de l'amour. Les saints en témoignent et saint Augustin l'affirme quand il se refuse à vérifier l'amour en sa source, mais le qualifie en son but :

> Purifie ton amour ; cette eau qui court à l'égout, détourne-la vers le jardin. Cet élan qui te porte vers le monde, qu'il y en

> ait autant pour le Créateur du monde. [...] Aimez mais faites attention à ce que vous aimez. L'amour de Dieu, l'amour du prochain, c'est la charité. L'amour du monde, l'amour du siècle, c'est la cupidité. Réfrénez la cupidité, excitez la charité[1].

Ainsi la charité est l'amour par lequel on aime ce que l'on doit aimer (cf. saint Augustin, *Ep* 167, 4, 15). La cupidité est l'amour par lequel on aime ce qu'on ne doit pas aimer. Pour Augustin, l'amour change de nature selon ce vers quoi il est orienté. Une même source s'écoule vers les égouts ou vers le jardin. Selon ce qu'on aime, l'amour est un bel amour, la charité, ou un amour dévoyé, la cupidité.

La marée du cœur

S'il n'est pas d'abord qualifié par mon cœur, l'amour est rendu possible ou impossible selon ce que je suis. Qu'il soit détourné ou magnifié, l'amour réclame d'abord de jaillir en source et il ne jaillit pas d'un cœur éteint. La parabole nous l'enseigne mais des images nous le font comprendre.

La lune soulève la mer, l'autre soulève mon cœur. Mais la lune ne soulève pas les mers de la même façon : ample est la marée à saint Malo et faibles sont le flux et le jusant en Méditerranée. L'art du Christ consiste à montrer aussi que, si l'amour est « intentionnel », il n'est pas inconditionnel. Si le blessé se découvre de lui-même, au bord du chemin, et si c'est bien lui qui fait la qualité de l'amour, il n'est pas aimé malgré celui qui le voit : certains en feront l'homme à soigner, d'autres, l'obstacle à contourner. Il y a donc des conditions intérieures pour aimer, pour laisser jaillir l'eau et la faire courir vers celui qu'elle doit irriguer.

---

1. AUGUSTIN, *Commentaire du psaume 31*, II, 5.

Voilà ce que va placer le Christ en face de l'observation-question du docteur de la Loi. Il ose lui raconter une histoire, une sorte de conte pour dire la haute sagesse tant aux sages qu'aux simples. Sur cette voie voulue par le docteur, il va présenter l'itinéraire qu'il doit encore parcourir. La parabole du bon Samaritain vise à dérouler le chemin et ses tournants pour faire de cet autre, inconnu de moi, simplement connu par moi comme « non-moi », un prochain, un aimant aimé, aspirant les énergies de mes amours, y compris celles que j'ignorais être présentes en moi.

Ici, il n'est pas encore question de quantité ou de qualité d'amour, il y a « juste » à réussir à connaître l'autre comme prochain. Le propos de Jésus consiste à montrer que la démarche n'est pas aussi simple qu'on le pense. Pour cela, il va dérouler une petite histoire exemplaire pour mettre le docteur en situation intérieure et extérieure propice à prendre soin de ce non-moi. Il ne va pas rogner sur l'idée, énoncée plus haut, que le prochain « fait » mon amour, cet amour que j'ai pour lui. Il veut simplement préciser la façon dont le prochain peut ou ne peut pas lever l'amour en moi. Il révèle le prérequis des configurations personnelles pour soigner. Il met en scène plusieurs personnages pour indiquer qu'un même blessé abandonné sur la même route ne produit pas le même effet dans le cœur d'hommes portant le même regard sur lui.

L'amour et le care réclament toujours deux choses : un homme à aimer et un cœur disposé à aimer. On n'invente pas l'autre et il n'est pas grand le risque de ne pas en avoir autour de nous. Il nous reste néanmoins à travailler sur notre cœur. À condition d'avoir un cœur vivant. Le problème est peut-être là. À ce point du débat, le Christ poursuit grâce à autre forme de parole, la parabole.

4

L'embuscade des brigands

La parabole s'ouvre directement avec un coin de désert très fréquenté. L'effet du récit inventé par Jésus est accentué par ce scénario sans temps morts où les « héros » arrivent dans un ordre précis. Il convient de n'en négliger aucun et, pour cela, suivre les trois temps de ce conte de l'amour : l'embuscade tendue par les brigands, l'indifférence assumée des clercs, la sollicitude inquiète du Samaritain jusqu'à son arrivée à l'auberge.

La violence de l'embuscade

La première partie du récit présente un marcheur en bonne santé, happé par une violence orchestrée par des malfrats : « Un homme descendait de Jérusalem à Jéricho, et il tomba sur des bandits ; ceux-ci, après l'avoir dépouillé et roué de coups, s'en allèrent, le laissant à moitié mort » (Lc 10, 30).

Au cours de son voyage jusque-là sans incident, un homme tombe dans un guet-apens. Il descendait de la Cité sainte, située à huit cents mètres d'altitude, jusqu'à Jéricho, à moins quatre cents mètres en dessous du niveau de la mer. Cette route est connue et fréquentée, entre autres par ceux qui revenaient de leur office au Temple situé au sommet de la ville. La localisation s'accorde bien avec la suite.

En revanche, commencer son histoire par le scénario d'une embuscade peut sembler tout à fait étrange. Avec une rare brutalité, cette situation d'attaque forme le décor d'une réflexion censée nous parler d'amour. On imaginait plus volontiers un climat de douceur et de tendresse, l'affection d'une mère pour son tout-petit, par exemple. Mais le Christ projette son interlocuteur sur une scène de guerre, comme si seule une situation extrême pouvait révéler l'attention à l'autre ou, tout au moins, créer entre les hommes une proximité inatteignable dans un contexte paisible. Une modeste expérience des zones de conflits et des actions de guerre peut illustrer ce choix du Christ. Quand, pris sous les balles, un soldat risque sa vie pour aller chercher son frère blessé à terre, la parabole se joue sous nos yeux : quelque chose d'incompréhensible à la prudence commune, « la fraternité d'armes », possible de partout mais trop rare de partout, éclate au grand jour sur les pentes raides de l'Afghanistan ou dans les sables du Mali.

Cette exagération de la situation par la violence guerrière ne correspond pas souvent à nos vies quotidiennes et soyons heureux de la paix régnant chez nous. Pour autant, ne nous trompons pas sur le propos du Christ. Si l'amour du prochain se vit en toutes circonstances, y compris les plus limpides ou les plus ordinaires, il se révèle magnifiquement dans les occasions majeures où la violence se lâche. Par conséquent, s'il n'y a pas à rechercher pour eux-mêmes ces temps de guerre, il nous revient de ne pas les fuir. Les exemples ne nous manquent pas : l'expérience extrême de l'abandon et de la Croix fut celle du Christ dans sa Passion, elle a pu être la nôtre quelquefois dans nos vies. Toutefois, en face de la violence insupportable, grandit le souvenir d'une solidarité aimante, un geste d'affection et de soutien alors que nous traversions les pires rejets et les plus durs accidents. Dans la tempête, on connaît les vrais amis, ceux qui ne fuient pas le risque à partager et marchent auprès de ceux qui souffrent.

Confronté au paroxysme de la violence, l'amour du prochain se tarit par peur ou se bonifie par compassion jusqu'à s'accomplir totalement. Et quelle merveille alors : quelque éclat d'une lumière divine traverse nos champs de désespoir… On croit souvent, à tort semble-t-il, que le calme aide à l'amour. En est-on si sûr ? Il peut parfois favoriser la mollesse et, finalement, l'indifférence sans scrupules. Par ses secousses, le déchaînement de l'agression fait bouger nos indifférences. Le grand reproche qu'on pourra faire au prêtre et au lévite tient précisément au fait que cette violence aurait dû ébranler leur cœur presque malgré eux. Il est rare qu'une violence aussi visible laisse autant inerte.

Par ailleurs, à voir de près nos vies et celles des autres, la violence extrême n'est pas si loin malgré des surfaces lisses. On la cache souvent sous des dehors policés : par pudeur ou par honte, on ne parle guère des épreuves passées, des traumatismes vécus, des effets nocifs d'une brutalité physique et psychique ineffaçable. Derrière le masque des allures intactes, la parabole du Christ rejoint notre réalité authentique et brutale, celle qui s'illustre sur d'autres champs que nos théâtres de guerre. Les études sur les violences faites aux femmes convergent sur des chiffres impressionnants : 25 à 30 % des femmes ont ou auront subi une agression sexuelle au cours de leur existence. Sur ce sujet, on peut parler justement d'embuscade, d'attentat, de guet-apens. Le cadre imaginé par le Christ soulève donc le voile pudiquement jeté sur nos sauvageries, causées ou subies. Si les assassinats sont rares, les brutalités sont quotidiennes, les abus fréquents, le traquenard plus ordinaire que ne le montre la façade sociale. Il n'est pas une semaine où ne se dévoilent des zones de maltraitance grave: dans nos EHPAD, nos écoles, nos entreprises, nos familles, nos paroisses…

Pour toutes ces raisons, et peut-être pour d'autres encore, ce cadre de violence est celui choisi par le Christ pour parler du prochain et du prendre-soin.

L'origine humaine du malheur

On ne relève aucune infirmité chez ce voyageur, probablement s'agit-il d'un homme en pleine possession de ses moyens lorsqu'un choc brutal le percute de plein fouet, une agression par d'autres êtres humains. Cette particularité du mal présenté ici vaut qu'on s'y attarde.

Des malades et des infirmes, des lépreux et des aveugles, Jésus en croise des palanqués. Mais, quand il lui faut s'expliquer sur l'amour du prochain et, très précisément, sur l'objet de notre amour, le prochain, et non sur l'amour lui-même, avec sa source et son accomplissement, alors il invente une situation singulière, dont nous avons déjà noté l'extrême violence, mais dont il convient maintenant de repérer avec clarté qu'elle est causée par d'autres hommes. Le malheur de cet homme se présente ici en conséquence d'une agression humaine. C'est donc un malheur redoublé, un malheur puissance deux: à la misère des blessures s'additionne la conscience d'avoir été trahi.

Dans ce coude de la route, plus d'impotent, plus d'aveugle de naissance ni de possédé, le Christ met en scène un être humain attaqué par ses frères en humanité, ces assassins en exercice de crime. La «diminution» de la victime n'est ni handicap de naissance, ni conséquence d'un fléau, ni d'origine surnaturelle ou mystérieuse. Lèpre, possession, cécité, infirmité… semblent s'imposer malgré les hommes et aussi repoussantes soient-elles, elles n'indiquent pas un coupable particulier. Mais ici, l'homme tombe, assailli par des brigands, sa détresse a pour cause une origine humaine, bien identifiée, et non une fatalité implacable. Le chemin intérieur, la façon dont l'homme va vivre psychiquement et spirituellement sa condition de victime et son chemin de guérison, ne peut pas être le même quand il reconnaît l'origine humaine de sa blessure ou lorsqu'il est pris dans un événement attribuable à la malchance voire à des circonstances naturelles (tsunami, tremblement de terre, famine, etc.).

Le care sera d'autant plus nécessaire qu'il formera le pendant lumineux de l'agression morbide. Dans la conscience de l'homme agressé, les bourreaux se trouveront contrebalancés par la présence soignante du Samaritain, en quelque sorte il « rachète » l'humanité et il écarte de la victime la tentation de désespérer en l'homme. Le care donne de croire à nouveau en l'homme.

En caractérisant le prochain à partir de la situation d'un homme blessé par d'autres hommes, Jésus incite aussi à un travail sur soi préliminaire à la conduite du care. Toi qui cherches à aimer ou être aimé, à prendre soin ou à être soigné, examine-toi d'abord sur la haine ou la méchanceté dont tu pourrais te faire le protagoniste, plus ou moins consciemment. Car il existe un mouvement inverse de celui de l'amour qui prend soin, c'est celui de la violence qui traumatise. On peut en être victime mais aussi l'auteur. À défaut d'avoir assez d'imagination pour devenir criminel, l'homme s'assied volontiers à la table de la vengeance. La conscience de cette possibilité inscrite en nous participe de notre sensibilité au malheur des autres.

Quand on prend conscience qu'on peut être de l'autre côté du crime, on devient moins insensible aux autres et plus vigilant sur soi.

À l'orée de cette méditation s'impose donc une attaque particulière par laquelle l'homme devient victime. Le lien se fait évidemment avec ces personnes victimes de traumatisme, handicapées à l'intime d'elles-mêmes parce qu'elles ont été abusées, violées, manipulées, maltraitées par d'autres, non point victimes de la vie, de la malchance, d'une certaine fatalité, mais de leurs partenaires en humanité. Qui sont-ils donc ces acteurs du crime ?

La maltraitance fait face au care

En proposant cette parabole à ses disciples, le Christ évoque une situation réelle, pas forcément un fait divers précis mais une expérience classique, reconnue au moins par les médias de l'époque, celle d'un traquenard tendu par des brigands visant un homme solitaire, sans défense, dans ces méandres du désert où il est aisé de se cacher. David, alors chef de bande, procéda ainsi quand il était poursuivi par le roi Saül (cf. 1 S 24). Depuis ces gorges abruptes truffées de grottes, il était facile de conduire des razzias efficaces puis de regagner le labyrinthe des oueds dessinés par les pluies torrentielles, gorges zigzagant au travers des craies friables.

Apparaissent les brigands. S'ils ne sont pas les personnages principaux, ils sont indispensables à la scène qui tient sa force persuasive de cette attaque initiale. C'est le groupe agissant en meute, s'encourageant au crime, caricature de la méchanceté humaine à l'œuvre dans ce monde. Nous avons évoqué le phénomène de maltraitance. On peut être gêné qu'on y insiste lourdement en décrivant longuement ces brigands et leur guet-apens. Mais le Samaritain et son prendre-soin, le care, en sont exactement le contrepoint. En s'attardant sur le contraire du care, la violence gratuite, nous en dénonçons la réalité et l'importance – y a-t-il une situation de guerre où l'on ne retrouve pas des charniers et des salles de torture ? En parallèle, nous magnifions le care : comme un fond ténébreux fait ressortir la lumière, ainsi l'attentat fait jaillir le prendre-soin dans toute sa splendeur.

L'enjeu de la « bien-traitance » se situe pleinement en face de la maltraitance, toujours formidable au point qu'aucune culture humaine n'en a éradiqué les racines. La maltraitance est à nos portes et peut-être chez nous et le Christ commence par elle pour décrire ensuite la trajectoire complète du care.

Bien entendu, il n'entend pas laisser à notre négligence les autres situations qui se présentent à nous, ces merveilleuses occasions de rencontres que ne précède aucune violence terrible. Le prendre-soin n'est pas réservé aux grands blessés de la vie mais il vaut pour tous ceux qui croisent notre route, l'enfant, le vieillard, le collaborateur, même sans traces de coups visibles. Pourquoi le Christ ne commence-t-il pas par évoquer des situations moins extrêmes qu'un attentat pour parler du care ? C'est qu'il ne déroge pas à la règle d'or du bien faire : « Commence par le moins difficile pour être capable du plus difficile. » Précisément, le théâtre de l'attaque et le choc visuel du corps ensanglanté fournissent le cadre le plus fort pour nous ébranler. Si nous y restons insensibles, comme les deux clercs, alors il nous sera impossible de ressentir une émotion devant des cas « moins graves » et moins explicites de la souffrance humaine. Comment entrer dans le prendre-soin d'une personne resplendissante de santé si nous sommes incapables d'y pénétrer en face d'un pauvre défiguré ?

Les brigands de la route

Le mot que le Christ choisit pour désigner les brigands accuse une symbolique forte. Les traductions divergent : voleurs, brigands, bandits, pour traduire un même mot grec, « *lèstès* » qui vient du verbe grec « *leizomai* », que l'on traduit par « piller » en français. Et, en effet, la Concordance biblique classe « *lèstès* » sous le thème de « prendre, ravir, piller ». Ce sont là des voleurs de biens mais surtout des pilleurs de vie. La distinction des deux est essentielle à notre récit.

On retrouve ces « pilleurs » dans le Temple sous le vêtement des marchands : ils en ont fait un repaire de brigands (cf. Mt 21, 13 ; Mc 11, 17). Et, en détournant la maison du Père en marché de troc, ils n'opèrent pas de vols directs sur le bien d'autrui, néanmoins, ils font pire : ils ont mis la main sur un bien divin pour leur profit personnel. Il y a détournement du divin, pillage de biens spirituels dans le Temple de Jérusalem et, tout autant, dans ce marcheur qu'ils dévastent. Les brigands dévoient le cœur, la demeure de l'Esprit, par leur violence physique et psychique. Ce détournement, cette prise en otage, cette corruption du plus sacré fait monter une grande colère dans le cœur du Christ, pourtant le plus doux des enfants de l'homme. À juste raison, en parlant de certains crimes, on ose parler d'atteinte au sacré, de sacrilège. Ici, le cœur de l'homme, là, le Temple de Jérusalem, les pilleurs bafouent tous les espaces sacrés.

Dans la parabole du bon pasteur (cf. Jn 10), Jésus reprend ce vocable de brigand pour désigner le mercenaire, tout à la fois voleur et meurtrier, escaladant l'enclos (cf. Jn 10, 1) et saignant les brebis. « Le voleur ne vient que pour voler, égorger et faire périr » (Jn 10, 10). En les nommant voleurs, brigands ou mercenaires, le Christ en fait une description angoissante puisqu'il s'agit d'hommes dotés d'un pouvoir sur les brebis. Cette parabole rappelle les abus commis par des hommes en responsabilité, dotés d'un pouvoir spirituel attenant à leur mission. Ces brigands sont des pilleurs de vie, des violeurs du sacré, des abuseurs de pouvoir. Ainsi, parmi l'ensemble des malfaiteurs, ces brigands sont donc des malfaisants particuliers[1]. La singularité de leur crime crée une atmosphère déterminante pour la suite du récit.

Et, de fait, on les imagine vivant de ces rapines et de ces attaques, sans visée particulière autre que de faire leur labeur de voleur et de pilleur. On ne pourrait lire en eux aucune intention déterminée envers tel homme particulier. Ils ne sont pas habités par un esprit de vengeance ou règlement de compte mais par l'intention claire de vivre en pillant la vie des autres. De vivre en volant le bien de l'autre et, parmi eux, le plus précieux, la vie.

Les pilleurs de vie

Si les malfaiteurs sont des malfaisants, ces brigands sont des « mortiféraires », des porteurs de morts ou des voleurs de vie. Ils volent une part de cet homme. Non seulement ils vont diminuer ses biens physiques, car ils le dépouillent et, en ce sens ils ne sont que des voleurs. Mais ce sont aussi

1. À la fin de son parcours terrestre, juste avant sa Passion, Jésus s'étonne qu'on s'empare de lui comme on se saisit d'un brigand, avec des glaives et des bâtons (cf. Mt 26, 55 ; Lc 22, 52). On le met au rang des malfaiteurs mais lui se sait mis au rang des pilleurs de vie. Ces brigands le suivent jusque sur la Croix. Certes, l'un d'entre eux, Barabbas, y échappe car il est préféré à Jésus par la foule (cf. Jn 18, 40). Mais deux autres l'encadrent lors du supplice (cf. Mt 27, 38 ; Mc 15, 27). Pilleurs, brigands deviennent presque des termes de « métier », une sorte de profession.

des brigands : ils arrachent à cet homme une partie de sa vie, la moitié très exactement. Ils pillent son humanité. La précision des termes va droit au but. Cet homme attaqué, c'est une victime, victime de tous ces hommes abusant de leur frère, en le maltraitant, en lui arrachant une portion de sa vie, une part de sa vitalité, un morceau de son âme désormais verrouillée par le traumatisme.

Certains hommes usent par leur mesquinerie, leur sottise, leur inconscience. Avec un peu de patience, on arrive à reconstituer assez d'énergie pour répondre efficacement à cette érosion. Mais l'attaque des brigands est directe, brutale, violente sans qu'on puisse y résister. Pas moyen d'y échapper. La violence examinée ici n'est pas celle d'une usure, il s'agit d'un viol de vie.

Le viol de vie percute directement la personne elle-même. Tous ceux qui ont retrouvé une maison sens dessus-dessous après le passage de cambrioleurs savent combien est choquant ce vol de leurs biens dont certains avaient une valeur sentimentale à jamais perdue. Mais ils savent aussi qu'on s'en remet, surtout si ces biens dérobés l'ont été sans atteinte à leur existence corporelle. Il en va tout autrement dans le cas d'une agression directe et, plus généralement, d'une violence faite à la personne, même sans violences physiques : pensons aux abus sexuels mais aussi à la manipulation et au harcèlement avec des conséquences psychiques très graves. Non plus ses biens mais la personne elle-même est visée. On change alors de dimension dans la réponse à apporter. Prêts à abandonner nos biens matériels, pouvons-nous être disposés à renoncer à une part de notre humanité ? C'est une tout autre affaire. Dans le premier cas, il me reste toute mon humanité pour réagir, pour porter plainte, me faire une raison et repartir de bon pied. Mon énergie est intégralement mobilisable pour passer outre la perte de bijoux ou d'objets à forte valeur. Dans le second cas, cette énergie est réduite voire détruite. La réaction de la victime ne peut plus être la même.

Si ces brigands sont les acteurs discrets de la parabole, ils qualifient proprement l'attaque. Les oublier serait faire de cette parabole une sorte de guérison comme les autres, une entraide similaire à celle que l'on doit à l'homme affamé ou malade. Jésus guide le docteur dans une autre direction. Le vrai prochain va se situer en contrepoint des pilleurs d'humanité : les brigands lui ont pris une part d'humanité et c'est seulement en lui restituant une nouvelle part d'humanité que le Samaritain va prendre soin. Tout se joue au niveau de notre humanité vitale et vivante à reconstituer. Le prochain assume l'action contraire à celle des brigands, bien que celle-ci soit pour une part irrémédiable : on n'oublie jamais le viol ou la perte d'un organe. Le porteur du care ne pourra pas effacer la blessure et faire que ce qui a eu lieu n'ait pas eu lieu. En ce sens, son action ne sera pas tout à fait symétrique de celle des pilleurs d'humanité. Mais elle sera malgré tout son exact contraire : il va redonner une vie nouvelle à l'homme à moitié mort grâce au processus du prendre-soin.

Rien ne vaut que la vie

En proposant l'image – un peu bancale au plan philosophique – de l'homme à moitié vivant et à moitié mort, le Christ donne des clés de discernement pour les débats contemporains portant sur la vie, la mort, la bioéthique, les lois « sociétales », pour parler en termes actuels.

Le care est la vraie réponse aux difficultés de la vie, en son début, en sa croissance, en son terme temporel. L'homme du care accueille ou crée une relation exceptionnelle avec la vie. Il est fasciné par elle, aussi bien par sa tonicité que par sa ténacité. Il ne fait pas de différence entre les deux : il admire la jeunesse et la santé, il se réjouit devant un débordement d'énergie, d'adresse, de réussite sportive ou sociale. Mais il s'intéresse tout autant à la vieillesse et à la maladie, à toutes ces formes humaines en lesquelles la vie coule encore jusque derrière la mort.

À cause de sa relation spéciale avec la vie, l'homme du care rencontre une opposition farouche quand il affronte ceux qui ont noué un rapport étroit avec la mort. Ceux-là pensent que l'homme va vers la mort, donc vers sa mort – ce qui n'est pas la même chose – et donc la vie se présente en épisode plus ou moins heureux, coincé entre une apparition et une disparition. En face de la moitié déjà morte par l'attaque cérébrale, l'âge, les bandits, le handicap, la souffrance, ils estiment que la bienveillance doit se concentrer sur elle, pour l'accompagner jusqu'à la disparition de l'homme.

Le care noue avec la vie humaine un lien viscéral. Il soigne la part de vie, sans acharnement mais avec une grande fidélité. Il prend soin avec la conscience qu'un souffle de vie peut changer le monde : un sourire, une parole, un regard du mourant transforment l'univers, enracinent le peuple des hommes dans l'amour. Et si le peuple des hommes existait pour le care, s'il n'existait que pour lui ? Si la maturité d'un peuple se mesurait à sa relation à la vie atteinte plutôt qu'à ses technologies de pointe ?

On le verra, au contraire du Samaritain, les deux clercs sont des experts, des sachants de la douleur de l'homme qu'ils veulent abréger ; de sa non-importance pour l'équilibre économique ; du coût pour la société, etc. Ils pensent pour lui, mais ils réfléchissent en termes de disparition et ils l'orientent dans ce sens. Ils dénombrent, calculent, soupèsent et, finalement, trouvent sans intérêt de se baisser (de s'abaisser ?) jusqu'à la victime. Que la mort finisse son travail sera meilleur pour lui, pour nous, pour tous. Ils n'ont plus en eux le sens et le goût de la vie, laquelle vaut joie, en quelques conditions que ce soit, pourvu qu'une relation l'arrose.

L'être humain surpris

Qui est-il cet homme livré à ses frères ? « Un homme descendait de Jérusalem à Jéricho, et il tomba sur des bandits. » L'homme descendait d'une ville à l'autre. Nous ignorons tout de lui sauf sa trajectoire. Le texte grec énonce un homme quelconque, un être humain parmi les autres sans autre titre ou identité sociale, homme ou femme, jeune ou vieux.

Derrière ces mots du Christ se tient donc l'histoire singulière de ces hommes ou femmes, jeunes ou vieux, attaqués dans leur chair et dans leur âme, dépouillés de leurs vêtements et laissés à moitié morts. Dans leur chemin, une cassure : on les a abusés alors qu'ils faisaient leurs premiers pas dans le monde. On a cassé leur âme alors qu'ils tentaient d'aimer et de travailler. La violence dont ils sont l'objet invite à parler de torture, et c'est le cas lorsque le crime dure, émanation tragique de la perversité humaine. Le récit de certaines existences coïncide avec le déroulé de la parabole comme si Jésus voyait par avance ces personnes maltraitées, éparpillées au bord de ce chemin où les autres progressent sans se poser de questions.

Il ne se doutait de rien, cet homme en descente, à la marche rapide, l'esprit déjà tourné vers le but du voyage. Et il est pris par surprise car il n'avait certainement pas l'intention de combattre ou d'affronter le mal. Ce n'était pas un soldat envoyé à la guerre mais un homme occupé à son existence, comme tout un chacun. Cet élément de la surprise est relevé au plan du droit civil comme un élément constitutif des agressions sexuelles[1].

Si la surprise est un élément aggravant, voire constitutif du délit, c'est qu'elle ajoute puissamment à la blessure. Bien entendu, en sus de la menace, de la violence ou de la contrainte, la surprise est un élément-clé pour la réussite de l'attentat et les brigands jouent là-dessus en vrais professionnels du crime. Mais c'est aussi un élément essentiel à relever pour l'impact chez la victime et souvent sous-estimé par elle. La surprise rend impossible une défense appropriée. Elle participe de la sidération, elle ajoute à la honte et au mutisme. Les jolies surprises le jour de son anniversaire causent une joie supplémentaire. Symétriquement, les mauvaises surprises ajoutent à l'effet nocif. Le fait d'avoir été assez « idiot » pour s'être laissé faire, pour n'avoir pas réagi fortement, induit une culpabilité chez la personne victime, culpabilité sans justification objective mais souvent entretenue par des proches qui s'étonnent de cette absence de réplique immédiate : mais pourquoi ne t'es-tu pas défendu ?

1. « La surprise est, au regard des articles 222-22 et 222-23 du Code pénal, un élément constitutif commun aux infractions de viol et d'agression sexuelle, qui doit permettre à l'agent de passer outre l'absence de consentement intègre de la victime pour réaliser l'acte de pénétration ou d'attouchement de nature sexuelle considérée. Contrairement à l'acte de contrainte, qui suppose l'absence complète de consentement et un acte de pénétration ou d'attouchement réalisé de manière forcée, ou à la violence et à la menace qui viennent frapper la liberté du consentement et permettre la réalisation d'un acte de pénétration ou d'attouchement non consenti ou à propos duquel le consentement émis n'est pas totalement libre, la surprise doit s'entendre comme un moyen affectant l'éclairage du consentement à l'acte de nature sexuelle » (Rodolphe Mésa, « De la caractérisation de la surprise, élément constitutif du viol et de l'agression sexuelle », *Revue juridique personnes et famille*, 31 mars 2017 ; site : actualitésdudroit.fr).

On ne parlera jamais trop de l'effet psychologique de la surprise chez la personne attaquée. Être surpris, c'est être mis dans une situation d'humanité sans préparation, et donc sans possibilité de réaction ajustée. Le direct à la face met K.O. le boxeur s'il n'a pas pu esquisser une parade, alors qu'il a su encaisser les coups puissants qu'il attendait. Lors d'une heureuse surprise, une fête inattendue, une vague de joie nous submerge et nous laisse muet. Une mauvaise surprise provoque en nous le même effet de vague ou de tsunami. Si la surprise est bonne, la joie est multipliée; si elle est mauvaise, le traumatisme est surmultiplié. L'effet démultiplicateur de la surprise emporte l'homme comme le courant déporte le nageur imprudent. Sans possibilité de contrôle sur lui-même, l'homme surpris ressemble au navire sans gouvernail. La surprise nous ampute de notre responsabilité habituelle et, en ce sens, bonne ou mauvaise, elle nous laisse sans voix, selon la formule consacrée.

La violence gratuite

Surpris, l'homme est aussi l'objet d'une violence gratuite, réalisation d'une extrême méchanceté: «Après l'avoir dépouillé et roué de coups, [les brigands] s'en allèrent, le laissant à moitié mort.»

La description est brève mais intense. Parce que cet être humain est dépouillé, roué de coups, abandonné, on sent l'acharnement gratuit contre lui. Il eût suffi aux brigands de lui voler ses biens pour s'enrichir ou de le tuer directement, pour supprimer une dénonciation ultérieure. Le meurtre aurait eu un avantage, au moins pour eux. La question se pose en effet: pourquoi ne l'ont-ils pas simplement volé ou purement supprimé? L'entre-deux dans lequel ils le jettent le colle à un paroxysme de souffrance.

Ces voleurs de vie ne cherchent pas seulement à s'enrichir mais à diminuer l'homme, à le soumettre à une condition de souffrance. En lui infligeant la mort, ils auraient mis un terme à ses peines alors qu'ils le jettent volontairement dans un univers de tourments, de mort lente, d'infection sociale ou sanitaire, avec l'intention manifeste de provoquer une dégradation lente. Par un surcroît d'une violence gratuite, ils en font un homme de honte et de douleurs, chacun de ses gestes se heurte désormais à un mur de peines, chaque acte de vie rouvre une blessure et éveille une souffrance de feu. On connaît de ces grands brûlés soumis à cette épreuve permanente. On rencontre des victimes d'abus soumises à ces brûlures intérieures dès qu'elles commencent à vouloir vivre.

À propos de ces pilleurs, il faut justement parler de méchanceté. Dans le désir malsain et délictueux de s'enrichir par le vol, on peut reconnaître un avantage matériel. Certes, il n'y a pas là à justifier leur crime par son intérêt financier mais à noter qu'une raison (mauvaise) existe néanmoins, malgré tout compréhensible. Mais, dans cet excès de violence sans profit, tournant à l'acharnement contre l'homme à leur merci, c'est la méchanceté qui s'exprime, gratuitement, sauvagement.

La méchanceté se caractérise par la volonté de faire un mal gratuit, sans avantage pour celui qui le commet, avec pour seule jouissance la vue de l'homme à terre. En se rappelant à notre bon souvenir par une agression dans le métro ou dans l'entreprise, ces méchants confirment leur présence active. Les faits divers devraient nous suffire à les identifier avant d'en expérimenter par nous-mêmes la violence. Et il est tout à fait vain de chercher des raisons à cette méchanceté radicale, en tout cas, il est inutile d'y trouver des intérêts identifiables comme la jalousie ou l'envie. La méchanceté s'explique par elle-même, elle ne justifie pas par autre chose qu'elle-même. C'est sa caractéristique.

On préfère aujourd'hui désigner cette méchanceté morale par le mot de perversité psychologique. Qu'est-ce qui est l'effet et qu'est-ce qui est la cause ? De la méchanceté visant à détruire sans raison à la perversité dévoyant le discernement, on relate simplement la trajectoire psychique d'un homme, sans forcément en éclairer l'élan et l'enchaînement.

Le dénuement et la honte

L'homme est d'abord « dépouillé », laissé nu, sans la protection du vêtement. Dans la grande lecture des Pères, le vêtement a été interprété au sens de la grâce divine. Saint Paul nous rappelle que nous avons « revêtu le Christ » (Ga 3, 27). La grâce est ce don divin qui habille notre esprit et nous fait vivre de Dieu. Blessé dès l'origine, l'homme a été dépouillé de sa familiarité avec Dieu, il a perdu la grâce et seul le bon Samaritain, le Christ, la lui rendra. Ce message vaut pour l'humanité.

Mais on y lit aussi la déchéance d'un homme particulier, livré à tous les regards et à tous les temps. Le vêtement se prend en son sens premier, dans sa fonction la plus naturelle. Qu'il soit riche et orné, pauvre et simple, uniforme d'un état (moine, militaire...), protection contre le froid, l'habit est en lien étroit avec tout l'homme : non seulement avec son corps, grâce au contact de la peau et du tissu, mais aussi avec l'intime, dévoilé en cas de nudité extrême. Durant l'épidémie de la covid 19, nous avons expérimenté le masque chirurgical obligatoire et nous avons mesuré que, de simple protection, il pouvait devenir un outil pour se cacher et conserver ainsi un certain anonymat : le visage en partie masqué, c'était l'homme en partie dissimulé. Parmi les biens matériels, l'habit se distingue par sa proximité avec toute la personne. Sa perte n'équivaut pas tout à fait à celle d'un autre bien. Il est une part de la capacité à entrer en relation, pour se dire et se cacher, pour séduire ou repousser.

Se découvrant nu, Adam se cache de Dieu et de l'autre (Gn 3, 9-11). Quand l'habit manque, l'homme est nu et sa nudité l'effraie, en tout cas le dérange (la pudeur) sauf s'il l'a choisie pour des raisons précises avec des personnes de confiance, pour une intervention médicale, etc. Dans son ultime bonté, en contraignant Adam et Ève à sortir du jardin édénique, Dieu leur coudra un vêtement de peaux.

À l'opposé de ce dépouillement brutal par les brigands, on admire le geste délicat du personnel soignant couvrant un patient dénudé, incapable de s'habiller par lui-même. Arracher les vêtements d'une personne sans son consentement exprime la claire volonté de l'humilier. Quand on met en correspondance ce dépouillement avec les personnes victimes, on retrouve chez elles cette structure d'humiliation. Elles se sentent humiliées et ce sentiment se traduit par une honte viscérale : « Je porte en moi une honte depuis ces abus, et elle me condamne au silence et à la fuite. » L'attaque les a comme « dévêtues », elle les a plongées dans la honte, celle qui devrait normalement habiter le cœur de l'abuseur. Portées par cette honte, elles se taisent, murées dans le silence honteux des hommes nus.

Tant qu'on n'a pas entendu cette honte chez la personne victime, on ne comprend pas sa retenue : mais pourquoi n'avoir pas parlé avant ? L'homme dénudé malgré lui se terre, il cherche à échapper au regard des autres, condamné par la honte au mutisme et à la fuite de souvenirs pesants.

La soumission par les coups

Cet être humain est aussi roué de coups par les brigands. Ils ne s'arrêtent pas au vol. Ils lui infligent une bastonnade cruelle et couvrent son corps de blessures, ici nommées en grec «*plègè*», du verbe frapper: ce sont ces coups qui, un peu plus loin, seront désignés pour leur impact durable sur l'homme, sous un vocable plus connu, «*traumata*», les traumatismes.

Il y a donc derrière l'attaque, une volonté de faire mal. Nous l'avons vu, au-delà de la rapine, la cruauté s'exerce. Dans l'esprit des brigands, cet homme, qu'il ait résisté ou non, doit être puni. De quoi? Sinon d'exister et de se trouver pour son grand malheur au mauvais endroit, au mauvais moment. Là, l'homme de la route est la proie d'une violence sans intérêt, réalisation d'une volonté de s'approprier un être par la force, d'en faire une chose, sa chose. Cette violence faite à un être humain en vue de le marquer, de le plier, de jouer avec lui, a valeur de viol, même s'il n'est pas sexuel. La volonté des brigands s'exerce sur lui pour le réduire à devenir l'objet de leurs pulsions, un jouet sur lequel on peut s'acharner.

Autant une certaine violence liée à la justice est acceptable en société, même si elle nous fait mal (la peine justifiée), autant son débordement dans la haine nous déforme durablement. Grâce à l'écoute de dizaines de personnes, cibles d'abus sexuels, on finit par reconnaître en elles la particularité des coups reçus. Fruits de l'acharnement contre lui, ces blessures singulières impriment en l'homme la conscience d'avoir été chosifié, instrumentalisé. On a (ab)usé d'eux comme on utilise une clé à molette ou un jouet.

Cette douleur durable a de quoi nous surprendre. Qu'en souffre un philosophe conscient de la dignité humaine ne nous étonne pas mais qu'un enfant sans formation ou qu'une personne sans ressources théoriques garde cette plaie vive en lui ou en elle, voilà qui donne à réfléchir. Pourquoi se rebiffe-t-elle contre cette atteinte à une dignité qu'elle serait incapable d'expliquer ?

Pour le comprendre, il faut revenir à une structure intérieure innée, antérieure à toute formation, une sorte d'instinct. On connaît bien l'instinct de survie mais il n'est pas le seul en l'homme. L'instinct de survie lui permet de répondre à ses besoins primaires : manger, boire, s'accrocher à la vie. Les manipulateurs se trompent en pensant qu'un être humain est réductible à cet instinct de survie, que l'autre est « instrumentalisable » à souhait pourvu qu'on lui accorde du pain et un toit. Qu'on le terrorise ou qu'on l'achète, l'homme, même consentant au départ, finit par toucher en lui cette sensibilité indépendante de sa volonté et source de sa révolte : il sent que cette instrumentalisation n'est pas juste. Plus haut que les besoins matériels, il discerne en lui un instinct de dignité. Des décennies après l'attentat, l'homme effleure ou rencontre en lui-même cette dignité inaliénable, aux apparences mystérieuses, presque irrationnelle. Une voix plus forte que sa raison lui crie : « Cesse de subir, tu n'es pas fait pour cela ! Va vers ta vérité, aussi difficile que soit cet accouchement ! Cesse d'accepter l'inacceptable ! »

Les conseilleurs s'égarent en invitant à l'oubli des faits et en ignorant le sceau ineffaçable de certains souvenirs. Le cercle des vrais amis invite à écouter la petite voix de la dignité, voix venue du fond de l'âme, murmure d'un Dieu atteint par l'attaque de l'homme. L'instinct de dignité parle le langage de la justice et du salut. Qui reconnaît cet instinct se sent poussé à ouvrir sa bouche, à réclamer d'être remis à son juste niveau de dignité, à être posé sur le seul échelon justement humain, celui d'un absolu intouchable.

À moitié mort

Finalement, l'homme est laissé à moitié mort. «*Hèmithanè*», le mot grec est sans équivoque. «*Thanè*» donne «*thanatos*», la mort. Ainsi, on parle en français d'euthanasie, littéralement de mort bonne. «*Hèmi*», la moitié, se comprend aussi aisément par sa descendance française: hémiplégique, hémisphère, hémistiche... Un hémicycle est une salle formant la moitié d'un cercle. Ce terme assume toutes les conséquences du brigandage.

Que peut vouloir dire: «à moitié mort»? En bonne logique, on pourrait contester l'idée: soit on est mort soit on ne l'est pas. À la différence de la maladie, la mort d'un homme désigne une totalité et une totalité définitive. Cependant, si l'on quitte le domaine de la pure logique, cette expression familière «à moitié mort» a un sens profond. Il y a une catégorie d'hommes à moitié morts parce qu'on les a dépouillés et violentés. On pourrait dire aussi, mais on ne le fait pas dans nos langues, à moitié vivants. En eux, assez de vie pour ne pas être mort mais assez de mort pour ne pas être en vie. Moitié-moitié. Il existe des femmes et des hommes, encore vivants de vie, et en ce sens ils ne sont pas au cimetière, mais vivants d'une vie tranchée, amputée, fragmentée. Cette formule correspond peut-être à notre expérience personnelle, à ces moments où nous avons été vidés de toute énergie par la fatigue ou la blessure.

Le premier effet de cette atteinte vitale, c'est l'incapacité à se relever tout seul. Mort, c'est mort mais quand on est à moitié mort, il nous reste juste assez de vie pour être relevé mais pas assez pour se dresser tout seul. La vie, en effet, se définit par l'autonomie: le vivant se meut lui-même à la différence du caillou ou du robot. Il n'a pas besoin d'être mû de l'extérieur comme une marionnette, ni par une batterie comme une machine. Un être vivant est capable de se bouger tout seul, en s'appuyant sur un principe interne que la philosophie nomme l'âme. L'être à moitié vivant, ou à moitié mort, peut vivre mais ne peut plus vivre par lui-même, les deux à la fois. C'est un paradoxe mais il correspond réellement à certaines personnes. En elles, une capacité réelle, source d'espoir, et une incapacité patente, source de désespoir.

Une situation de confusion

La personne « moitié-moitié » se trouve ainsi en situation déroutante, d'abord pour elle-même mais aussi pour ceux qui la connaissent.

Elle se saisit elle-même dans ce mélange trouble, sans pouvoir décider de son sort dans un sens ou dans l'autre, entre deux eaux, entre la vie et la mort, non point comme les comateux en soins intensifs mais comme un homme figé durablement à la croisée des chemins, incapable par lui-même de prendre le chemin de la vie ou celui de la mort. C'est le cas de cet homme agressé dont la vie est saturée de coups sur le corps et de chocs sur l'âme. Le feu est trop faible, il ne peut grandir sans aide extérieure. L'homme couvert de plaies est devenu dépendant au point de ne plus pouvoir crier son besoin de l'autre. La part de mort enserre sa part de vie et souvent cloue l'esprit au mur du silence. Conscient, l'homme gémit peut-être. Inconscient, il s'étouffe dans un râle. Était-il encore lucide quand les brigands l'ont abandonné au bord du chemin ? Pouvait-il encore hurler sa souffrance ? Rien dans le récit ne permet de répondre mais cette incertitude autorise tous les états de l'homme à moitié mort, du plus sombre, en réanimation, jusqu'au moins grave, aux urgences.

Certains jours, la vie reprend le dessus et l'homme blessé tente de se relever tout seul. En vain. D'autres jours, la part de mort s'impose à lui et l'aspire vers le bas, vers la nuit où il s'enfonce quand s'esquive la lumière. Une lutte formidable le dévore, parfois durant des décennies. Tantôt, la demi-mort semble s'éloigner et, soulagé, il déploie la moitié vivante. Tantôt, la demi-vie s'étouffe et, déprimé, les ténèbres le saisissent à la gorge. Seul l'homme victime peut décrire cette tension permanente entre sa volonté de vie et son incapacité à vivre, ses oscillations entre les phases d'inconscience et les moments de lucidité. Le fumet de l'inaccompli s'empare de ses pensées. Parfois, il donne raison à la mort et il l'appelle d'une prière. Parfois, il encourage la vie et il aimerait qu'elle prenne tout. Car l'homme n'est pas fait pour cette demi-mesure, cette demi-vie ou cette demi-mort. Tout ou rien. Choisis la vie ou choisis la mort.

Quant aux amis, ils comprennent difficilement cette incapacité à « faire un effort pour se relever », « à sortir de sa culpabilité », « à cesser de se morfondre », etc. Que leur faut-il pour correspondre à ces frères et sœurs tombés au fond du puits, là où ne résonne plus que le murmure d'un écho, celui des voix humaines en marche sur la terre des vivants ? Par un jeu de contraste exceptionnel, Jésus ne parle pas d'un homme susceptible de réagir à l'interpellation du « bouge-toi ». L'homme victime n'entend rien, il sera totalement passif, incapable de faire le premier pas. La thérapie d'amour fonctionne autrement que l'appel vigoureux à se prendre en main. Seul le Samaritain l'a compris. Il montre la voie pour les amis, les vrais amis.

Quand le « je » est mort

Voilà l'état de l'homme tombé par malchance au milieu des brigands, voici l'état des personnes victimes d'abus, encore sous le choc un demi-siècle après les faits. Mais, sur cette vie minuscule et palpitante encore, le prochain va agir par le prendre-soin pour en faire un nouveau vivant. Sur ces braises encore rougeoyantes, le Samaritain va souffler avec douceur, il ne laisse pas mourir le feu, il n'éteint pas la mèche qui fume.

Dans son langage, Simone Weil (1909-1943) livre une leçon de vie extraordinaire :

> Pour ceux dont le « je » est mort, on ne peut rien faire, absolument rien. Mais on ne sait jamais si, chez un être humain déterminé, le « je » est tout à fait mort, ou seulement inanimé. S'il n'est pas tout à fait mort, l'amour peut le ranimer comme par une piqûre, mais seulement l'amour tout à fait pur, sans la moindre trace de condescendance, car la moindre nuance de mépris précipite vers la mort[1].

Simone Weil établit ainsi le cahier de charges du care, ce prendre-soin sans surplomb. Mais elle va un plus loin encore dans son analyse car sa situation personnelle la fait réagir comme un animal blessé :

> Quand le « je » est blessé du dehors, il a d'abord la révolte la plus extrême, la plus amère, comme un animal qui se débat. Mais dès que le « je » est à moitié mort, il désire être achevé et se laisse aller à l'évanouissement. Si alors une touche d'amour le réveille, c'est une douleur extrême et qui produit la colère et parfois la haine contre celui qui a provoqué cette douleur. De là chez les êtres déchus, ces réactions en apparence

1. Simone Weil, *La pesanteur et la grâce*, Plon, coll. « Agora », Paris, 1988 (1947), pp. 77-78.

inexplicables de vengeance contre le bienfaiteur. Il arrive aussi que chez le bienfaiteur l'amour ne soit pas pur. Alors du « je », réveillé par l'amour recevant aussitôt une nouvelle blessure par le mépris, il surgit la haine la plus amère, haine légitime.

Au moment où nous voudrons « aider » celui qui a touché notre cœur, il nous faudra analyser sa réaction première. On pourra la prendre pour un rejet quand ce ne sera que le réflexe d'un homme trop brûlé pour être touché. À un certain point de vue, cette réaction agressive sera un bon signe, celui de la vie et de la dignité.

En revanche, poursuit la philosophe, le goût trop accentué pour des soins manifeste la mort du « je » :

> Celui chez qui le « je » est tout à fait mort, au contraire, n'est aucunement gêné par l'amour qu'on lui témoigne. Il laisse faire comme les chiens et les chats qui reçoivent de la nourriture, de la chaleur et des caresses et, comme eux, il est avide d'en recevoir le plus possible. […] Par malheur, toute œuvre charitable risque d'avoir comme clients une majorité de gens sans scrupule et surtout des êtres dont le « je » est tué[1].

Lorsqu'on est déconcerté par le réflexe du blessé, quand on est tout surpris par ses phases successives de gratitude et de « haine », cette pensée console : cette alternance de réactions rayonne la vie, le « je » libre pas tout à fait tué. Inversement, l'absence de crispations n'augure pas d'un prendre soin responsable. Cette vigilance évite de graves dérives, il nous faut prendre garde au prendre-soin quand tout se passe trop bien avec la victime.

Tel fut l'ouvrage des pilleurs de vie. Quelle sera l'œuvre des voyageurs croisant par hasard l'homme éparpillé sur leur chemin ?

1. *Idem.*

5

Les trois voyageurs

L'IMAGE est désormais fixée. Les coupe-jarrets ont quitté les lieux, le corps gît à même le sol, concassé, pantelant, sanguinolent. Mais, sur cette route de Jérusalem à Jéricho, il y a du trafic. Par cette voie, passent des pèlerins et des commerçants, des caravanes armées pour les traversées du désert, des étrangers et des hommes du pays. Toutes sortes d'équipées y circulent en passage obligé : on ne quitte pas impunément les voies tracées entre les dômes blanchis d'une poussière brûlante, aux buissons rêches, tel que se présente encore à nous le désert de Juda. Seuls les bergers s'autorisent à s'éloigner de la piste pour la pâture des troupeaux.

Outre les brigands et leur proie, quatre personnages se succèdent dans le récit, tels les comédiens surgissant tour à tour sur la scène. L'aubergiste se découvre à la fin de la parabole alors que le soin s'achève. Il n'est pas un passant mais un demeurant, stabilisateur du mouvement comme l'éternité tient, garde et stabilise le temps coureur. Mais avant lui, trois voyageurs complètent le flux : deux passants et un passeur. Ils se succèdent sans se suivre, chacun à ses affaires, solitaire livré à son jugement personnel, à sa conscience, à son choix.

Le discernement par comparaison

Ces trois passagers de la piste vont permettre le discernement par comparaison entre eux : « Par hasard, un prêtre descendait par ce chemin ; il le vit et passa de l'autre côté. De même un lévite arriva à cet endroit ; il le vit et passa de l'autre côté » (Lc 10, 31-32).

En premier, s'avancent deux hommes, des spécialistes du culte, le prêtre et le lévite. Le Christ ne fait pas l'économie de leur présence puisqu'il les invente, alors qu'ils ne sont pas absolument nécessaires pour présenter le care. Certains voient dans cette invention une pointe anticléricale, voire une marque antisémite. On les laisse à ce type de commentaire douteux. Le Christ ne règle pas ses comptes avec les clercs en les ajoutant à la scène, il cherche simplement à mettre son interlocuteur en mesure de discerner. Pour cette raison, il n'en fait pas deux personnages secondaires, comme l'étaient les brigands, mais deux acteurs principaux, participant à la confrontation avec le troisième homme, le Samaritain, en vue d'une comparaison. Jésus ne veut pas le présenter seul, ce qui imposerait un non-choix, mais il le situe en procession après les « deux hommes de Dieu ». Trois hommes, deux attitudes, une seule victime.

On constate d'emblée, la dissymétrie introduite par le Christ : non seulement les deux clercs sont des hommes de valeur, au sens de personnalités reconnues par leur fonction sacrée, mais en plus ils se présentent à nous de façon identique, par un redoublement de l'image, avec les mêmes mots et les mêmes réactions. Certes, ils n'avancent pas ensemble mais l'auditeur ne peut pas ne pas les mettre dans un même groupe, pesant psychologiquement deux fois plus que ce Samaritain isolé. Cette répétition de la posture incite à la croire « correcte », normale, allant de soi. La comparaison que doit opérer le docteur au terme de l'histoire s'en trouve compliquée. Il lui faudra se démarquer de la solution évidente suscitée par une première impression : non, malgré sa répétition et les personnages qui l'incarnent, l'attitude conduisant au care ne procède pas d'une mise à distance. Non, l'indifférence « professionnelle » n'a pas de légitimité pour le prendre-soin, quand même elle serait l'attitude couramment portée par des hommes du savoir.

À cette comparaison sur du concret, chacun de nous est invité si nous voulons emprunter la voie du prendre-soin. Tenter un discernement hors le concret, c'est prendre un risque, c'est ne pas craindre la force têtue des illusions et, finalement, se faire piéger par elles. En revanche, avoir sous les yeux des témoins éveille une disposition intérieure : on désire les imiter ou les rejeter. Les exemples auxquels on peut s'identifier font naître en nous des sentiments tout à fait reconnaissables, de joie ou de tristesse, par exemple, en tout cas des émotions beaucoup plus concrètes que la pesée intellectuelle « des pour et des contre », souvent présentée comme la fine fleur du discernement.

Il y a donc des bons Samaritains mais ils ne sont pas seuls. Certes, la posture du Samaritain établit la différence avec l'indifférence des deux autres. Néanmoins, ces deux passants ne sont pas sans intérêt : comprendre leur point de vue sans a priori négatif permet de s'examiner soi-même dans nos fonctionnements habituels, sans caricature et sans excès. S'examiner ne signifie pas se condamner mais se mettre en capacité de diagnostiquer les plis inconscients, nés de l'habitude et résistants à l'action nouvelle. S'examiner permet aussi d'écouter les élans de notre cœur, au moment où il est saisi par une émotion effective, effet éruptif d'une pure rencontre.

Par ailleurs, si ces deux passants n'avaient pas eu de poids, s'ils n'avaient eu aucun intérêt pour la religion juive dont ce docteur est un expert, la comparaison n'aurait pas eu de sens. Le discernement n'en aurait pas été un, tant l'évidence s'imposait. Et là où il y a évidence, il n'y a pas de discernement. Dans notre petite histoire, l'ultime interrogation du Christ au docteur, « lequel des trois, à ton avis », ne favorise aucun des trois personnages. Le Christ n'a pas sélectionné n'importe quel marcheur mais des hommes occupés aux affaires divines, des clercs auréolés de leur service sacré. L'a priori du docteur pour eux ne peut qu'être positif puisqu'ils représentent l'amour pour Dieu célébré dans la liturgie du Temple. Le discernement final du docteur sera le fruit d'un décryptage difficile car le panel présenté par le Christ impose une réflexion ardue.

La banalité du voyage et le hasard du chemin

Que vivent ces deux premiers marcheurs ? Rien d'exceptionnel. En tout cas rien n'indique un état paroxysmique dans les circonstances décrites. Aucune urgence formidable ne pouvait donc détourner raisonnablement le prêtre et le lévite du commandement divin sur l'amour du prochain. C'est dans le quotidien de leur existence, dans la monotonie d'un retour chez soi, que surgit cet appel au care sous la figure de l'homme tombé à moitié mort.

Même si les saints gardent l'amour en toutes circonstances, on admet – sans le justifier – que, pris dans des situations exceptionnelles, l'homme songe avant tout à sa survie ou à celle de sa famille. À l'homme surnageant à côté du *Titanic*, noyé dans l'océan glacial, on admet que, par instinct de survie, il ne songe pas aisément au prochain. Il agrippe le canot de sauvetage sans regarder autour de lui. Mais, au moment précis où ces clercs passent, rien n'ouvre à une telle obsession sur soi : la route est libre de tout obstacle, les brigands ont quitté les lieux. Aucune situation de crise ne rend admissible leur indifférence humaine, aucune menace, aucune circonstance vitale, aucune tension fiévreuse. Il n'y a pas de bémol à mettre à leur devoir d'assistance à personne en danger, ce qui peut être reçu dans l'extrême se heurte à la banalité de la situation.

Ce prêtre et ce lévite passent là « par hasard ». Leur ligne de vie n'est pas censée croiser celle de l'homme à terre. Certainement, s'ils l'avaient prévu, s'ils avaient pu anticiper, ils auraient programmé une aide pour cet homme brisé, ils auraient contacté une association ou ils se seraient mis dans les dispositions intérieures pour l'aider. Pour eux, la charité se programme et s'anticipe, l'improvisation n'est probablement pas leur façon naturelle d'agir. Or, l'inattendu frappe à la porte. Ce choix de l'imprévu dans la parabole a une signification profonde : l'amour du prochain se mesure avant tout dans ce contexte d'imprévisibilité. La charité réagit ou ne réagit pas, elle vibre ou elle se tait dans le cœur.

Le care se met en place et se mesure aussi et avant tout dans cette situation élaborée par le hasard, bousculée par l'inattendu, réalisée dans la soudaineté. Cette imprévisibilité révèle efficacement ce que nous portons : le dérangement ouvre la boîte noire de notre cœur plus efficacement que l'anticipation programmée. Il n'y a qu'à relire notre vie passée pour en trouver des exemples parfois cuisants parfois réconfortants. On regrette ainsi de n'avoir pas réagi comme il l'aurait fallu dans des circonstances où tout est arrivé si vite que nous n'avons pas su écouter l'autre avec le cœur... Au contraire, nous nous sommes étonnés à certaines occasions de notre disponibilité alors que le temps nous pressait... Relire notre histoire, c'est aussi nous permettre de ne pas confondre l'imprévisibilité et l'improvisation. Toute une vie prépare à cet inattendu, par nos formations et nos maturations, par les assouplissements du cœur, conséquences de notre disponibilité, peut-être aussi par les longs silences du désert et les traversées personnelles de la souffrance. Le care est souvent imprévu mais jamais improvisé.

La responsabilité de la vue

Voir ne suffit pas mais pour autant, voir est nécessaire. Il y a peut-être pire que de ne rien faire, c'est de ne rien voir, de fermer les yeux par confort mental : « Pour beaucoup d'entre nous, la souffrance n'existe pas si nous ne sommes pas obligés d'en être témoins. Nous nous enfuyons sans bien nous douter que c'est précisément en cela, dans notre refus de voir, que nous devenons coupables[1]. » Nous ne pouvons pas tout voir mais nous pouvons refuser de voir ce qui est à la portée de nos yeux. Au crédit du prêtre et du lévite, nous avons à mettre qu'ils ont su voir, raison pour laquelle ils auraient dû réagir, en étant à l'écoute de leur Loi et/ou de leur cœur. Au moins, ils ont vu, tout en passant outre. D'une certaine manière, leur responsabilité instantanée est plus engagée que celle des aveugles volontaires, incapables de voir le malheur des autres. L'attitude des deux clercs est un déni de l'autre mais, d'une autre manière, l'aveuglement volontaire est un déni de sa propre humanité, appelée à la responsabilité du regard. L'inconscience peut bien laisser notre conscience tranquille, elle nous tient dans l'immaturité. Voir peut effrayer, c'est le signe que nous connaissons nos engagements vis-à-vis de l'autre, mais voir appartient à notre humanité.

1. Albert Schweitzer, citation vue sur une plaque d'acier dans un cimetière militaire, à Kaysersberg.

Ils ont vu, et ils deviennent responsables de ce qu'ils ont vu. Tel est le message clair du Christ. Celui qui n'a pas vu peut prétendre à une irresponsabilité immédiate, personne ne l'accusera de n'avoir pas réagi à ce qu'il n'a pas perçu. Mais que celui-là s'inquiète aussi : le mauvais riche ne partage pas avec Lazare, pourtant couché devant sa porte, pour l'unique raison qu'il ne le voit pas. Ce n'est pas un mauvais bougre mais il a pris l'habitude de ne pas regarder, de ne pas porter ses yeux sur la misère, somme toute pénible à considérer. Le confort créé par l'oubli du pauvre ne nous sauvera pas.

Le passage rapide

Ayant vu, le prêtre et le lévite passent devant ces lambeaux de vie dont ils ne se sentent pas responsables. Ils passent outre, de l'autre côté du chemin. Certains traducteurs contestent cette traduction d'un verbe grec, «*antiparèlthèn*», mot presque isolé dans la Bible. Sans renier l'interprétation courante, ils préfèrent le nuancer : le prêtre et le lévite s'approchent du blessé au moins pour lui donner les soins minimums. Mais cette traduction bienveillante ne réduit pas le contraste entre eux et le Samaritain : dans tous les cas, ils l'abandonnent à son sort, agonisant en plein désert, sans aucune chance de s'en sortir seul. Au mieux, ils prolongent son agonie en pensant que la route est suffisamment fréquentée, qu'un autre s'en chargera. Au pire, son destin les indiffère et ils passent, ils passent outre, ils passent en accélérant le pas. Petit arrêt rapide ou pas, ralentissement fugace ou pas, rien ne les empêche de passer. Ce sont des passants, ils croisent sans le rencontrer cet homme au destin brisé.

Ils ne trouvent pas en eux une raison impérieuse de ralentir la marche sinon pour fuir les ennuis. Ils sont nombreux à avoir agi ainsi pendant des années en face des victimes frappant à la porte. Elles ne valaient pas la peine de s'attarder, elles ne valaient pas la fatigue d'une désorganisation. À lui, à elle de se relever et de repartir: « C'était il y a longtemps. Reconstruisez votre vie et n'allez pas déterrer les morts! » D'autres soucis nous tiennent, les vôtres ne figurent pas au programme de notre cœur.

On peut les entendre maugréer: « Qu'avait à faire sur cette route cet homme esseulé? Est-ce qu'on voyage seul dans les régions infestées de brigands? Non, on chemine en caravane, avec force chameaux, armes et amis. S'il s'était défendu, il s'en serait sorti sans égratignure. Et puis, ces choses-là font partie de la vie. Que Dieu lui accorde une fin rapide et sans douleur. » Cette logique glaciale n'est évidemment pas celle d'un cœur chaud, saisi par la tendresse, mais celle d'un esprit raisonneur, indifférent et affairé. Raisonneur parce qu'indifférent. Indifférent parce qu'affairé.

La fonction est leur nom

Le prêtre et le lévite portent l'appellation de leurs fonctions. Ils ne sont pas désignés par leur identité personnelle, leur nom ou leur humanité, comme c'est le cas pour l'homme blessé. Seule leur fonction s'avance, elle les caractérise et ce détail n'en est pas un. Dans nombre de paraboles, notre Seigneur retient l'attention sur « deux hommes » ou « deux fils ». Par là, il indique l'extension maximale d'un message portant sur une figure humaine ouverte aux « relations », la filiation ou la paternité. Ici, par contraste, seules les « fonctions » sont indiquées, elles les définissent tout entier aux dépens d'autres valeurs, elles absorbent tout en eux et elles les rendent imperméables à la compassion, malgré un regard affûté. Pour tous ceux que la fonction en Église situe au cœur de la communauté, mais aussi pour tous ceux dont la fonction crée une aura, une « importance sociale », la leçon touche au vif : notre façon d'enseigner, de célébrer, de gouverner et, chose étonnante mais possible, notre manière d'organiser la charité peuvent écarter la bonté de notre cœur. On fait le bien mais sans bonté, sans l'attention d'un cœur qui écoute.

C'est dire le risque d'une fonction à partir du moment où elle me structure tout entier, à partir du moment où je suis réductible à elle, fut-elle enracinée sur un don modifiant mon être (le caractère de l'ordre pour le prêtre). Si le fait d'être prêtre éteint – ou tout au moins estompe – le fait d'être un homme, un baptisé, un « je » unique, on peut s'inquiéter pour la plasticité de son cœur. Même les actes d'amour appartiendront à la fonction : je suis prêtre donc j'ai mes pauvres, les pauvres du prêtre. Lorsque, par manque de confiance, la fonction ou le métier s'installe en cache pour taire le reste, les relations se figent et se restreignent au cadre de la fonction. Où était l'homme derrière le prêtre ? Où était le frère derrière le lévite ?

Plus profondément, on peut interpeller la fonction elle-même dans sa vérité profonde : où était le prêtre de Dieu derrière le prêtre sans compassion ? Cette question bouscule un peu mais elle interroge vraiment notre fonction, surtout sacrée. Le prêtre et le lévite viennent probablement de célébrer au Temple car ils descendent de Jérusalem. Leur tâche est finie, les célébrations sont achevées. Dans la mesure où elles ont été de vraies rencontres avec le Très-Haut, leur intérieur doit encore bouillonner de la gloire de Dieu dont ils se sont approchés. Derrière le rideau séparant le Saint du Saint des saints, demeure la Présence chaude et infinie. Leurs « fonctions » de prêtre et de lévite leur permettent de se rendre proches de l'Éternel, à proximité du Feu pour flamber eux-mêmes. Leur sacrifice a dû s'élever vers le ciel avec le parfum de l'amour pour l'Éternel. S'ils ont rempli leur mission sacrée avec justesse, ils brûlent encore à l'intérieur au moment où ils descendent pour revenir à Jéricho, au monde des hommes, leurs frères. Mais ont-ils vraiment fréquenté le feu divin, ceux qui sont incapables de s'approcher du sang humain ?

Sur la route d'Emmaüs, le Christ chemine avec deux pèlerins déçus par sa mort, et leur cœur se met à brûler en eux, même s'ils ne s'en aperçoivent qu'après, alors que le brasier s'éloigne. La proximité du feu chauffe les pierres du foyer et elles gardent la chaleur longtemps après l'extinction du feu. La célébration au Temple enflamme le cœur du prêtre et, longtemps après, sa température assure sa tendreté. De là naît l'interpellation à ces deux clercs : avez-vous réellement « fonctionné » à la mesure du sacrifice saint, avec un cœur brisé et broyé ? Votre indifférence au blessé n'est-elle pas la signature d'une insensibilité à Dieu ?

Qu'avaient-ils vécu dans leur cœur lors des cérémonies d'offrandes et des prières publiques ? Un rituel bien exécuté ou l'offrande du cœur à l'unisson du sacrifice des animaux ? Comment avaient-ils pénétré à l'intérieur de la liturgie ? Avaient-ils aspiré en eux ce goût pour l'éternité, pour l'Éternel, Sauveur du temps ? Le cœur s'était-il suffisamment élargi à la taille de l'Infini pour y faire une toute petite place à l'inconnu proposé à la vue ?

L'enjeu du temps

De ce passage éclair des clercs, un enjeu majeur peut se dégager pour toute mission, où l'urgent remplace l'important, où la vitesse ne fait qu'accélérer le manque de temps, où l'agenda rend indisponible. Gommée par l'écologie de l'espace et de la matière, l'écologie du temps et de l'action se pose en problème premier, en défi vital dans les décennies à venir, plus massif que celui de la substance. Qui ne maîtrise pas le temps ne respecte pas la terre. Il est probable que les deux passants ne s'arrêtent pas parce qu'ils n'ont pas laissé au cœur le temps de s'émouvoir jusqu'à leur dicter une conduite ajustée au prendre-soin. Le temps d'un prêtre est précieux. D'autant que, pensent-ils, dans ce cas précis, la Loi les préserve d'une action concrète.

En effet, le code de pureté explique au livre des Nombres (19, 13): «Quiconque a touché un mort, le corps d'un homme qui meurt, et ne s'est pas purifié souille la Demeure du Seigneur» (cf. Lv 11, 16). On comprend l'interdit, celui de la Loi ou de nos rituels. La Loi cadre, elle rassure aussi, même si parfois elle dérange. Mais elle n'exclut pas l'amour car Dieu ne peut se contredire lui-même. Tout le problème est là. Le prêtre et le lévite en touchant le corps presque mort n'auraient pas subi d'autres sanctions qu'une interdiction de célébrer pendant sept jours. Car la Loi indique aussi la façon de se purifier avec les eaux lustrales, le troisième et septième jour (cf. Nb 19, 11). Il leur aurait donc suffi de se plier aux rites de purification, aisés à mettre en œuvre puisqu'ils ont probablement achevé leur tour de service au Temple et que le suivant se présentera dans plusieurs semaines.

On revient à la gestion du temps. Prendre le temps de la purification pour suivre la Loi dans le commandement de l'amour, sera-t-il un temps gaspillé ou un gain d'humanité? Pour l'heure, le blessé ferait perdre de précieuses minutes aux clercs pressés. Ce n'est pas dans leur feuille de route. Quelquefois ou souvent, nous sommes de ces hommes-là, «affairés à ne rien faire» (2 Th 3, 11), comme disait l'Apôtre, occupés ou distraits. Faut-il user son temps avec des plaignants victimes d'un passé lointain? L'avenir et le présent importent davantage. Un pauvre ne peut sonner à la porte qu'à la condition que l'agenda nous permette de le recevoir.

Sans cesse s'impose l'histoire du temps. L'histoire de notre histoire se résume à ceci : qu'ai-je fait de mon temps ? Comment l'ai-je laissé me féconder ? En qui a-t-il injecté sa sève d'amour ?

Le Père du ciel examine les choses à travers le prisme de son éternité : il sonde notre histoire pour y reconnaître une vie rendue généreuse grâce au temps pris pour les autres. Et comme l'arbre tombe du côté où il penche, le temps donné, gaspillé, perdu pour les autres nous fait tomber dans les bras de l'Éternel. Il n'y aura pas d'autre jugement que l'examen sur le temps marié au don. Le temps du don fait juste réponse au don du temps. La vie éternelle est gagée sur le temps. Le temps voué à aimer son prochain prépare gracieusement la vie hors le temps.

Le reste tient dans une main d'homme, y compris nos fautes les plus efficaces et les plus regrettables : ce sont ces bois morts charriés par le torrent. Là où il court avec force, il n'a de cesse de pousser, racler, arracher, emporter dans son élan, rien ne l'arrête, ni branches ni feuilles, ni rocher de granit. Il s'agit d'user de la force du temps, de s'inscrire à fond dans le torrent d'un temps chargé d'intérêt pour l'être humain, dans le flux d'une vague qui pousse l'océan de l'amour jusqu'à la rive du prochain.

Comment ici ne pas revenir à l'interrogation initiale du savant ? Où trouver l'élan du temps sinon dans la conscience de la vie éternelle ?

La dérobade des clercs

En vérité, les deux passants se dérobent sans raisons vérifiables pour manquer au commandement de l'amour du prochain (cf. Lv 19, 18) : le cultuel n'élimine pas le moral, ils se mixent indissolublement. En résumé, il leur aurait suffi d'être disponibles. Le prêtre et le lévite sont sur « indisponibles », ils sont sur le mode : « Laissez un message sur le répondeur et je vous rappellerai dès que possible. » Il n'est même pas certain qu'ils y aient vu à mal. Leur conscience ne les a pas forcément embarrassés car leur cœur s'était tu, il ne leur a rien enseigné, il n'a pas bougé d'un pouce. Ils n'ont pas encore intégré la pauvreté des Béatitudes, celle des esprits pauvres, aisés à ébranler car les greniers de leur âme sont vides et ils n'ont rien à défendre. Malgré leurs pas vifs, ces deux passants s'isolent dans leur bien-être, au point de croire qu'ils pèsent dans ce monde parce qu'ils officient auprès de Dieu.

Ils ratifient le jugement de Simone Weil : « La connaissance de la misère humaine est difficile au riche, au puissant, parce qu'il est invinciblement porté à croire qu'il est quelque chose[1]. » Et, pour conforter la fausse croyance du riche : « Cette connaissance est également difficile au misérable parce qu'il est presque invinciblement porté à croire que le riche, le puissant, est quelque chose[2]. » Quand on croit être quelque chose, le temps pour la misère semble superfétatoire, un trésor dépensé en vain, la nécessité est ailleurs.

Comment dissoudre cette croyance d'être « quelque chose » – alors qu'on est quelqu'un – et s'inscrire dans le climat de la pauvreté, cette atmosphère intérieure seule à même de créer la proximité ? La réponse marche avec le personnage suivant.

1. Simone Weil, *La pesanteur et la grâce*, *op. cit.*, p. 199.
2. *Ibid.*

Le Samaritain

Survient le troisième homme: « Mais un Samaritain, qui était en route, arriva près de lui ; il le vit et fut saisi de compassion. »

Un Samaritain, un quelconque Samaritain, va, lui aussi, par cette voie fréquentée par les pèlerins et les marchands. Il se range probablement dans la deuxième catégorie, peut-être commerçant, lui-même signale devoir passer à nouveau par l'auberge où il dépose le blessé.

Comme les deux précédents, le Samaritain est sur la route, comme Jésus le fut, comme les disciples le seront. La route croise les vies bien mieux que les organisations complexes aux serrures multiples. La route se partage, ouverte à tous, offerte à chacun, un bien commun pour relier les hommes et les peuples. La route est l'endroit de choix pour rencontrer l'inconnu, celui qu'on n'attend pas, celui à qui on ne doit pas le code de l'hospitalité, celui qui nous sera redevable de rien.

De ce Samaritain, nous ne savons que peu de choses mais assez pour nous laisser prendre au filet de la parabole. Aussi imprécise soit-elle, sa qualité de Samaritain nous permet de dessiner un croquis rapide de ceux grâce auxquels cet homme pillé va vivre à nouveau. Et nous pouvons être de ces hommes-là, que nous soyons prêtres ou lévites, clercs ou laïcs, pourvu qu'une vibration nous décale, qu'un déclic déclenche une autre attitude, celle du passeur ou du porteur de vie.

Son origine a été souvent commentée. Il transite hors de son territoire, la Samarie, située plus au nord, sur la crête des montagnes centrales. Il a des raisons de ne pas s'attarder dans cette terre de Judée où il n'est pas forcément le bienvenu. On peut s'étonner de la liberté de Jésus dans son choix d'un non-juif pour développer sa parabole. Pour son auditeur, expert d'un judaïsme pur, le message est déroutant, il éveille son attention voire son indignation. Il y sent peut-être une sorte de provocation.

Importé sur cette terre juive, le Samaritain est certainement perçu par le docteur comme un « étranger » : le soin apporté à l'homme attaqué ne peut donc être rangé dans l'obligation d'entraide codifiée entre membres d'une même communauté. Il n'applique pas la solidarité clanique produite par une même appartenance (cf. 2 Ch 28, 11-15). Il ne s'intéresse pas au blessé au nom d'une interdépendance religieuse. Avec le geste du Samaritain, nous quittons le domaine de la cooptation communautariste ou celui de la solidarité natale pour entrer dans celui de l'amour inconditionnel pour tout homme.

Du Samaritain, il faut donc retenir son caractère d'étranger mais sans accentuer son côté de non-intégration sociale dans le peuple juif. Pour le docteur, en effet, c'est son côté religieux séparé de lui qui est le plus provocant. Le Samaritain est un déviant, un hérétique dont il faut se défier. Ses Écritures sont tronquées, son adoration est centrée sur le mont Garizim, il est membre d'une concurrence religieuse, fruit d'un déplacement de population, rappel d'un mauvais moment dont l'histoire d'Israël est remplie.

Cependant, les Samaritains adhèrent aux premiers livres de la Bible dont celui du Lévitique où se trouve le commandement de l'amour pour le prochain. Puisque la Torah[1] aux cinq livres leur est commune, la « question » du prochain vaut pour eux trois, Samaritain, prêtre, lévite.

1. « La Torah est la seule partie de la Bible hébraïque que les Samaritains considèrent comme d'autorité divine, à l'exception peut-être du Livre de Josué. Tous les autres livres de la Bible juive sont refusés. Les Samaritains refusent aussi la tradition orale juive (telle qu'exprimée dans la Mishna, puis la Gémara et le Talmud) » (source : Wikipédia, article « Torah »).

Entre le prêtre et le lévite, auréolés de leurs offices, d'un côté, et le Samaritain, commerçant douteux et sans aura, de l'autre côté, le contraste étonne le lecteur actuel. Mais le passage des uns à l'autre comporte une brutalité inouïe pour l'auditeur de Jésus. Le choix final du docteur aura d'autant plus de prix que son tempérament et sa culture le pousseraient à opter pour ses deux frères juifs, prêtre et lévite.

À quoi sert la religion ?

Les trois hommes surgissent au même endroit, ils ont donc le même point de vue sur l'homme pillé de la moitié de sa vie mais ils ne réagissent pas de la même manière. Tout est là. Pourquoi ne se jettent-ils pas tous auprès de l'homme à demi-mort ? Leurs réactions divergeraient-elles en raison de leur pratique religieuse différente ? Si tel est le cas, le Christ déjuge d'un coup la religion qui est la sienne. Car Jésus était juif – pratiquant –, ainsi que sa mère et ses premiers disciples. Ce serait dévier indûment la parabole que de la faire entrer en force dans une façon d'antisémitisme. Si l'on doit condamner des attitudes d'hypocrisie, on ne peut condamner une religion parce que ses membres défaillent, ni la porter aux nues parce que certains de ses adeptes sont admirables. Le Christ ne forge pas une grille pour estimer une religion, il nous offre un guide pour aimer son prochain.

En revanche, que certains, entraînés au culte, n'y arrivent pas, quand d'autres, émargeant à des cultes non reconnus, y parviennent, est certainement au cœur de l'enseignement du Christ. Et cette leçon rejoint notre expérience. Nous connaissons des pratiquants méticuleux nantis d'un cœur de pierre. Réciproquement, nous avons rencontré – ou nous sommes – des personnes de grande sensibilité sans être croyants. Pour le dire en une phrase: l'expérience religieuse ne conduit pas immanquablement au prendre-soin. Tant la parabole que notre expérience soulèvent donc deux grandes questions. La première: si la religion ne sert pas à attendrir le cœur, à quoi sert-elle? Et la deuxième: qu'est-ce qui fait d'un homme un être disposé au prendre-soin si ce n'est pas la religion?

Sauf à faire une lecture allégorique selon les Pères de l'Église, la parabole du Christ offre peu de matière pour répondre à la première question. Elle suggère simplement que ne va pas de soi la conjugaison de l'amour pour Dieu, vécu en particulier dans le culte, et de l'amour pour le prochain, objet du récit. L'articulation des deux commandements de l'amour peut être rompue ou jamais établie. On ne passe pas mécaniquement de l'amour de Dieu à celui du prochain et réciproquement. Les raisons de cette désynchronisation sont à chercher dans un amour diminué par ce que le Christ nomme «hypocrisie». L'utilité de la religion, remise en cause de nos jours, se comprend mieux à partir de situations existentielles précises, dans l'appel au sens de la vie, par exemple, la question projetée au départ par l'homme en soif de la vie éternelle.

En revanche, la parabole répond exactement à la seconde question. Elle nous presse de saisir par le cœur ce qui a permis au Samaritain d'être à la hauteur de la personne victime. Qu'est-ce qui donne au Samaritain d'être ce qu'il est et qui fait défaut aux deux autres? Pourquoi lui et pas les deux précédents? L'homme réagit avec la justesse à l'appel au care si et seulement s'il a le cœur touché, et son cœur n'est touché qu'à la condition qu'il soit de chair.

Les deux cœurs

De quoi est fait notre organe cardiaque ? Cœur de chair ou cœur de pierre ? Notre humanité est engagée tout entière dans cette alternative. Si l'on a congelé son intérieur, si l'on a durci ses postures extérieures, si l'on a figé ses sentiments pour ne pas se laisser emporter par eux, si l'on n'a pas pris l'habitude d'exporter sa capacité à s'émouvoir dans les actes et les rencontres, alors il serait bien surprenant de résonner instantanément à la vision d'un homme sans charme et plutôt répugnant, placé par hasard dans une existence concentrée sur son affaire. Chez le prêtre et le lévite, la vision de cet homme rebondit sur un cœur lisse, une âme de marbre, elle ne les transperce pas. Le malheureux ne mobilise pas l'âme des gens pressés, tout occupés d'eux-mêmes. Leur carapace cardiaque n'autorise pas d'entrée extérieure.

Seule la tendreté de notre humanité fait marcher l'information venue des yeux jusqu'au centre du cœur. Cette sensibilité intérieure s'incarne ensuite dans la tendresse extérieure. Quand il est tendre, le cœur fonctionne comme un poumon, inspirant et expirant. L'inspiration attire l'image des yeux jusqu'à l'intérieur et, là, il la transforme en émotion. L'expiration la pousse jusqu'au corps, et produit l'action.

Mais qu'est-ce qui donne la tendreté à l'homme ? Il semblerait que la souffrance le mouline, le pioche et l'attendrisse plus que les réussites. Il semblerait aussi que l'amour reçu pétrisse le cœur. Il semblerait enfin que le labour de son âme réclame du temps à l'homme et surtout le temps de la relecture personnelle. Un homme est-il mûr tant qu'il n'a pas souffert, tant qu'il n'a pas connu l'amour, tant qu'il n'a pas affronté sa vérité au désert ?

Peut-être, par le mépris des autres, ce Samaritain avait-il déjà beaucoup souffert ? Peut-être était-il profondément aimé par sa famille ? Peut-être prenait-il tous les jours le temps de l'ennui, du silence et de la prière ?

La vibration originelle

D'un mot, le Christ enseigne le point de départ du care, qu'il situe non dans les gestes mais dans le cœur, non dans le commandement mais dans la compassion. Le care débute par le tremblement du cœur : « Il le vit et fut saisi de compassion. »

« Il vit » et il vibre à ce qu'il vit. Il laisse la vision atteindre son âme. La rapidité de la description ne peut pas taire cette percussion de l'âme. Dans le cadre du récit très bref, il ne peut être question d'entrer dans un minutieux passage en revue des sentiments : en deux verbes, tout est projeté à la figure du docteur.

« Il fut saisi de compassion. » Le verbe grec « *esplanchnisthè* » présente l'ébranlement de l'être : les entrailles sont saisies par une osmose instantanée. Elle n'allait pas de soi, les deux personnages précédents le démontrent, leur centre n'a pas frémi. On peut évoquer une autre scène où deux hommes réagissent très différemment face à la même vision.

À l'aube, dès que les femmes leur ont signalé que la tombe de Jésus est vide, Pierre et Jean courent au jardin où il avait été enterré. L'évangéliste narre l'entrée dans le tombeau de Pierre puis celle de Jean, arrivé le premier mais respectant son ancien. De saint Pierre, il est rapporté : « Il entre dans le tombeau ; il examine, aperçoit les linges, posés à plat, ainsi que le suaire qui avait entouré la tête de Jésus, non pas posé avec les linges, mais roulé à part à sa place » (Jn 20, 6-7). Il regarde tout, il observe les moindres détails de la pliure des linges, il scrute les lieux mais il ne croit pas. Tels le lévite et le prêtre : ils voient et ne vibrent pas. Mais du second, Jean, le récit indique clairement : « C'est alors qu'entra l'autre disciple, lui qui était arrivé le premier au tombeau. Il vit et il crut » (Jn 20, 8). Là, dans la roche de la tombe, deux hommes observent les mêmes linges mais l'un reste froid et l'autre croit. Ici, sur la route, trois hommes perçoivent le même corps, un seul a le cœur touché. En l'homme, s'élèvent parfois des murailles entre les yeux et le cœur comme se creusent aussi des fossés entre le cœur et les mains. En l'homme, il y a aussi des portes ouvertes où s'engouffre la vision de la misère.

À ce stade, on imagine que les trois voyageurs ont bien enregistré par leurs yeux la même image. Mais ont-ils vu exactement la même chose ? Ce corps jeté, un tas sanguinolent sur la poussière, c'est un homme, tous l'ont vu comme tel. Aucun n'en doute. Mais dans cette masse déformée par les coups, ont-ils vu une personne ?

De façon générale, l'accueil de l'autre est conditionné par notre capacité à le voir pour lui-même. Non en client à servir ou en patient à soigner, mais en personne reçue pour elle-même. C'est difficile à théoriser mais, grâce à une antenne intérieure, nous savons faire la différence dans nos expériences de rencontres. Une façon de saluer ou de sourire, de poser la question gratuite, préliminaire à l'objet de la venue, de se regarder, et une relation s'établit à un niveau inattendu. En position d'accueillir ou d'être accueilli, d'écouter ou d'être écouté, nous sentons une diversité dans la relation grâce à un mystérieux sens de l'autre. Dans ce premier temps de la rencontre, nous ne sommes peut-être pas encore dans l'empathie ou le care, mais dans l'intuition de l'autre le percevant puis le rejoignant comme autre, *alter ego*. En quelques secondes, quelque chose s'établit au-delà – ou en deçà – des expertises ou des services. On « sent » un intérêt différent et meilleur que ce que nous étions venus apporter ou réclamer. Décidément, le lien entre deux êtres humains ne s'explique pas intégralement bien qu'il puisse se vivre intégralement.

Le cœur vibre parce que les yeux voient. Tout part des sens : il faut percevoir le misérable ou le blessé, le toucher, le sentir, entendre crier ses plaies avant de les sentir par les sens intérieurs. Sans ce contact direct, non médiatisé – pour évoquer les écrans, utiles intermédiaires, mais dangereux illusionnistes –, notre amour est purement intellectuel : on sait la misère de l'autre mais on ne la touche pas, donc elle ne nous touche pas, on n'en prend pas la douleur dans le cœur. Tout est donc très corporel : des sens, la misère remonte au cœur puis, du cœur, l'amour descend à la main. L'attitude face aux personnes victimes est une application exacte de ce principe : tant qu'on ne les a pas écoutées directement, on sait qu'elles existent et qu'elles souffrent mais notre cœur ne partage pas leur souffrance.

Le tremblement de cœur

Cette émotion aux vibrations de tendresse nous « transporte » : elle s'impose à nous, elle nous saisit et elle revendique du temps, elle nous actionne presque malgré nous, elle forme en nous une exigence évidente, nécessaire, impérative. Il y a des tremblements de terre, il y a des tremblements de cœur. Des failles inconnues s'ouvrent en abîme béant, les programmes prévus s'écroulent, telle une cité aux tours altières, des paysages ignorés se dessinent, une morsure secrète fait saigner le cœur.

La leçon mérite d'être retenue : seule une certaine bousculade intérieure rend disponible aux autres. Elle nous fait sortir par le haut de notre structure de survie où tout est rapporté à soi, même notre générosité. Elle nous décale de notre centre habituel en donnant un poids réel à l'autre. Elle mobilise le Samaritain comme si, là encore, la formule de Simone Weil piquait au centre: «Aimer un étranger comme soi-même implique comme contrepartie: s'aimer soi-même comme un étranger[1].» Cette vibration de l'âme – souvent jointe à un effet corporel – fait de nous un étranger à nous-mêmes, elle nous décentre au point de se sentir hors de soi.

Le grand concile de Vatican II insiste sur cette synchronisation des passions quand il souhaite parler des relations entre le monde et le chrétien: «Les joies et les espoirs, les tristesses et les angoisses des hommes de ce temps, des pauvres surtout et de tous ceux qui souffrent, sont aussi les joies et les espoirs, les tristesses et les angoisses des disciples du Christ, et il n'est rien de vraiment humain qui ne trouve écho dans leur cœur» (*Gaudium et spes* § 1).

On craint les émotions soupçonnées de ternir la raison. Mais comment faire sans elles, surtout si elles sont à l'origine d'un prendre-soin à la façon du care?

Le Samaritain est pris par l'intérieur. Était-il plus libre alors qu'il est en route, lui aussi, pour ses affaires? Quoi qu'il en soit, il est aspiré par une émotion intense. La compassion le projette vers cet homme à moitié mort. «Il fut ému aux entrailles», «il en eut profondément pitié». Ainsi s'explique l'origine de son action:

> Il n'agit pas par raison, parce qu'il souhaiterait être traité de la même façon dans une si fâcheuse circonstance, ni par devoir, parce qu'on lui aurait inculqué un tel comportement au titre de quelque affiliation religieuse, politique ou sociale: non, il agit parce que «sa compassion vient vers le blessé, et il le soigne», il a reconnu un frère humain (dirait Villon) et il en prend souci[2].

1. Simone Weil, *La pesanteur et la grâce*, *op. cit.*, p. 121.
2. Cf. Patrice Galup, «Trois remarques sur la parabole dite du "bon Samaritain"», *Études théologiques et religieuses*, 2008/3, tome 83, pp. 413-418.

Mon cœur se retourne contre moi

Si cette émotion s'arrêtait à notre chair sans nous pousser à l'action, nous pourrions dénoncer une émotivité sans lendemain. On connaît la propension de certains hommes à désirer des émotions pour s'y complaire, trouvant un plaisir à les éprouver mais sans volonté pour les traduire en actes. Nous avons alors affaire à des cœurs sans main. Pour éviter cette attitude paresseuse, une distinction est nécessaire. Bien que soulevé en vagues à la vue de l'homme à terre, l'émoi intérieur ne relève pas d'une émotion livrée à elle-même. Il prend la forme d'un véritable désarroi intérieur s'exprimant en un impératif d'action. L'âme se pose immédiatement la question : que puis-je faire pour lui ? Si on s'objecte à soi-même l'émotion, au motif qu'elle pourrait faire perdre pied sur le réel, on peut regarder de plus près son cœur : si la question « que dois-je faire ? » se présente sans délai à l'esprit, il n'y a pas à s'inquiéter. Cette émotion est une force et non une échappatoire.

Ce frémissement intérieur, Jésus le connaît aussi quand il pleure sur son ami Lazare : « Quand il vit que Marthe pleurait, et que les Juifs venus avec elles pleuraient aussi, Jésus, en son esprit, fut saisi d'émotion, il fut bouleversé » (Jn 11, 33). C'est la proximité humaine voulue par le Seigneur, un trouble du cœur se mutant de lui-même en élan d'aide. Elle aime et elle aide. C'est un amour similaire à celui de Dieu vis-à-vis de son peuple qu'il exprime dans une formule superbe, le retournement contre soi : « Vais-je t'abandonner, Éphraïm, et te livrer, Israël ? Non ! Mon cœur se retourne contre moi ; en même temps, mes entrailles frémissent. Je n'agirai pas selon l'ardeur de ma colère, je ne détruirai plus Israël, car moi, je suis Dieu, et non pas homme » (Os 11, 8-9).

En Dieu, tout se change en tendresse. Notre hargne, notre désinvolture, notre lassitude, nos tristesses et nos peines encombrantes, tout peut en nous se changer en tendresse. L'expression du prophète habite notre espérance : « Mon cœur, dit Dieu, se retourne contre moi. » Chacun est habité, voire obsédé, par un certain état d'esprit, composé de pensées diverses, souvent dirigé par une préoccupation majeure car il n'y a que les vagabonds de la vie à ne point en avoir. Ainsi le prêtre devait penser à ce qu'il venait d'accomplir ou à ce qui l'attendait à la maison. Tout à ses affaires, le Samaritain devait laisser sa monture le conduire sans se préoccuper d'un itinéraire connu, il avait la tête ailleurs.

Chacun donc est à son affaire. Notre cerveau est rarement au chômage. Il est normal, en tout cas habituel, d'être habité par un ensemble de pensées, de rêves, de plans d'actions. On n'attend pas un pauvre à tous les coins de rue. Sauf à vivre une maraude avec l'intention précise d'en rencontrer et d'en prendre soin. L'homme marche habituellement dans ce monde avec l'esprit rempli par des dizaines de choses, lesquelles ne laissent pas de place pour comprendre intellectuellement la situation d'un homme en détresse. Ou bien, s'il en a une certaine compréhension, elle sera *a minima*, sans vigueur. Il analysera le jeune homme assis par terre avec son carton écrit en mauvais français, la vieille femme grimaçant un sourire pour tendre la main, etc. Il en pensera du bien ou en sera agacé et, parfois il donnera la pièce. Mais il ne peut pas aller plus loin tant que son cœur ne s'est pas retourné contre lui-même, bousculant sa pensée du moment par un flot émotionnel plus fort que son occupation présente.

La pensée est forte, la réflexion est nécessaire, l'intelligence est à cultiver. Mais la raison ne bouscule rien : elle est impuissante devant le souci de soi ou l'habitude de vie. Elle éclaire les choses sans les transformer.

Parfois, on désigne cette vibration du cœur sous l'étiquette de « compassion » dans la mesure où elle nous met en consonance avec la souffrance de l'autre. Cette formule doit rester modeste : celui qui souffre, souffre seul et le Samaritain ne connaît pas la douleur physique créée par les plaies béantes. Il ne vit pas la destruction par l'humiliation, les effets de la peur et la honte tenant à la nudité. En ce sens, on souffre seul et on meurt seul. Nulle compassion ne m'autorise à me mettre dans la peau de la victime en face de moi, occupée à me raconter son histoire avec confiance. Je ne serai pas elle. Le Samaritain ne sera jamais cet homme broyé par la souffrance. Mais, malgré tout, quelque chose passe de l'un à l'autre, et le mot compassion désigne cette synchronisation de deux êtres humains par le médium de la douleur.

L'entrée dans le monde de l'amour

Pour l'Évangile, cette saisie aux entrailles traduit un amour réel : avec elle, nous pénétrons dans le monde de l'amour. Sans elle, nous lâchons le commandement auquel toute la Loi est accrochée. Certes, l'amour ému ne suffit pas, les actes doivent suivre, l'accompagnement s'incarne. Malgré tout, la question initiale revient à ce point du récit et le docteur ne manquera pas cette étape car il s'agit d'aimer son prochain. L'essentiel de l'Évangile et de la Loi vient jusqu'à nous à travers la question de l'amour. Ce point mérite un détour.

En effet, le royaume de Dieu ne va pas contrecarrer frontalement la masse énorme des souffrances terrestres. Nous le savons : les incroyants opposent la venue de ce Royaume au mal toujours présent – envahissant – qui n'a pas beaucoup reculé depuis vingt siècles de christianisme.

« Où est-il ton Dieu alors que la haine rampe et que le mal gagne ? » Cette question du mal torture aussi ceux qui croient à la toute-puissance affectueuse de Dieu. Dans leurs critiques ou leurs tristesses, les uns et les autres méconnaissent le point singulier par lequel Dieu veut attaquer et contrecarrer le mal : l'amour. Dieu n'use pas d'autres forces pour disloquer l'empire du mal au fil du temps. Dans la Bible, Dieu a tenté une fois de briser l'emprise du mal en détruisant l'humanité : c'est le récit du déluge dont seuls Noé et sa famille sortiront vivants. Mais l'échec de ce traitement du mal par un mal, remède lié à la puissance, conduit Dieu à prendre un autre chemin, celui où le mal est vaincu par le bien, par le bien de l'amour.

Enfin, il y a cette objection majeure faite à l'amour, déjà abordée : aimez moins et impliquez-vous davantage ! Sous-entendu : les beaux sentiments, c'est bien mais ça ne vaut pas un coup de main. Vous perdez votre temps avec vos discours à l'eau de rose sur la bonté, relevez donc vos manches et allez sur le terrain de la pauvreté avec efficacité et générosité. Le nombre de croyants aux bras ballants légitime la critique, doublement justifiée par nos propres défaillances. Mais est-ce parce que nous aimons trop que nos mains sont paralysées ou parce que nous n'aimons pas assez, cœur éteint comme celui du prêtre et du lévite ? L'Évangile répond immanquablement : aimons ! De l'amour jaillira les œuvres, si c'est l'amour d'un Dieu mort pour nous. Mais sans amour, le monde s'affaisse, s'ennuie, l'univers roule en vain entre le vide et le néant. Sans esprit surpris par l'émoi, tout nous ennuie : les échecs comme les réussites. Sans cœur pris par l'émotion, tout nous rebute : les plaies suintantes de notre frère labouré, le poids de son corps gluant sur notre monture, nos heures consommées à s'occuper d'un inconnu, ingrat peut-être, fragile toujours.

L'équilibre entre deux écueils

La vie est équilibre, marche tâtonnante entre deux ruines de l'âme. En tant qu'acte de vie, le care n'échappe pas à cette règle : il sera toujours un lieu de tensions, de remises en cause, d'attitudes à observer et à rectifier. Pour être vrai, il va s'installer dans le camp de l'humilité et de l'écoute sans lesquelles l'homme dégringole soit dans le fossé d'un subjectivisme aveugle soit dans celui de l'indifférence techniciste.

D'un côté, le subjectivisme aveugle, la trop grande proximité, ou plutôt une proximité mal engagée essorant le caractère « universel » du soin. Une proximité mal située pourrait faire oublier la technique et le protocole sanitaire sans lequel le soigné et le soignant seront perdants (exemple : la maladie contagieuse). La vibration des entrailles est une pure émotion dont la violence s'impose à nous pour nous porter à l'action. Malgré tout, cette émotion nous conduit sans submerger l'intelligence. Celle-ci conserve ou instaure la justesse dans l'action. La volonté captée par l'autre unit, tandis que l'intelligence garde une sorte de distance par son processus même de connaissance. Au cours du chemin commun, le Samaritain réfléchit certainement à la juste solution et il anticipe. La nuit lui permettra d'ajuster un dispositif pérenne. Une fois de plus, le temps joue pour trouver l'équilibre du care : si la rencontre se joue dans l'instantané, la durée équilibre la relation, tranquillement, à travers une solidarité intemporelle.

D'un autre côté, la trop grande distance, une distance éradiquant la qualité de prochain. La seule technique remplit alors toute la relation en la dépersonnalisant. Le care redevient la cure, aux mains des seuls experts. L'expertise occulte l'empathie, le professionnel convertit le relationnel en professionnalisme évitant la sympathie. Le souci réel de l'autre maintient la relation vivante, en revanche, la perte de ce souci dénonce immédiatement un éloignement excluant la proximité. Ce souci précède le care en action, sa perte signale la chute dans le fossé de l'indifférence.

C'est que le lien du cœur s'étire quand la distance s'allonge. C'est donc l'émotion initiale, produite dans l'immédiateté de la rencontre, sur laquelle nous devons veiller pour ne pas perdre l'autre comme prochain, pour ne pas perdre, en retour, la qualité de prochain pour l'autre.

La puissance d'une vibration interne bouleverse le Samaritain mais elle ne noie pas son esprit et sa perspicacité. La précision des gestes et leur enchaînement en sont la preuve. La parabole en déroule maintenant le cycle.

6

La proximité et la consolation (Le cycle de l'action, première partie)

La parabole s'intéresse à l'aventure du care avec une minutie frappante. Après le diagnostic de l'émotion, le Christ ouvre le cycle de l'action :

> Il s'approcha et pansa ses blessures en y versant de l'huile et du vin ; puis il le chargea sur sa propre monture, le conduisit dans une auberge et prit soin de lui. Le lendemain, il sortit deux pièces d'argent, et les donna à l'aubergiste, en lui disant : « Prends soin de lui ; tout ce que tu auras dépensé en plus, je te le rendrai quand je repasserai. »

Rien ne laisse entendre que l'émotion cesse quand l'action débute. Mais de vague vigoureuse, elle mute en énergie tendre et rigoureuse. Tendre car, dès son origine, elle exclut la violence et la rudesse. Là où vibre la compassion, là réside la tendresse. Rigoureuse car la vibration intérieure n'induit aucun amateurisme, la proximité des cœurs n'apporte aucune approximation dans les gestes, elle s'incarne désormais dans une gestuelle précise, à travers des actions affectueusement enchaînées les unes aux autres.

Le Samaritain pratique le care tel que les contemporains le définissent, la comparaison est tout à fait remarquable :

> Le care est « une combinaison de sentiments, d'affections et de responsabilités accompagnés d'actions qui subviennent aux besoins ou au bien-être d'un individu dans une interaction en face-à-face ». De façon générale, au-delà de l'évocation de notions variées, on retrouve « deux dimensions indispensables » : tendre vers quelque chose d'autre que soi ; entreprendre une action concrète visant à la prise en charge de cet « autre »[1].

Dans notre lecture, la parabole apparaît comme un cas d'école d'un prendre-soin intégral. Ce mot s'ajuste à la description qu'en donne Jésus avec cette séquence de l'action consécutive au bouleversement du cœur.

En l'observant de près, ce cycle de l'action se décompose en une suite ordonnée de onze actions précises. Chacune est nécessaire et leur ordre forme un ensemble superbement équilibré, un bel ordonnancement où l'homme trouve la façon pratique de prendre soin dès lors qu'il a vibré de compassion.

Le care est un cantique harmonieux dont le refrain sera toujours : avant les gestes, l'émotion. Mais, au moment du passage à l'action, une précision semble utile sur l'ordre entre les mains et le cœur. Cet « avant » de l'émotion n'est pas toujours chronologique, il n'est pas nécessairement situé dans un amont temporel à l'action. Il arrive que la personne malade ou blessée se présente à nous en soins d'urgence et qu'il n'y ait pas à réfléchir ou à s'émouvoir mais à poser des gestes rapides selon un protocole défini. L'urgence impose parfois l'action antérieurement à l'émotion. Pour autant, celle-ci n'est pas oubliée et elle s'insère progressivement dans les soins eux-mêmes. Dans tous les cas, le cœur se situe en « avant » au sens anthropologique.

1. Élisabeth Noël-Hureaux, « Le care : un concept professionnel aux limites humaines ? », *Recherche en soins infirmiers*, *op. cit.*

Cette traction sur le cœur justifie le fait que Jésus puisse parler d'amour du prochain et pas seulement d'assistance au voisin. Quel que soit le moment temporel de son apparition, l'émotion authentifie le care réel en le différenciant d'une technique, compétente mais sans âme.

Après la compassion et portés par elle, s'ensuivent donc des gestes concrets dont le déroulé importe beaucoup à l'enseignement du Christ : il s'y attarde. Autant que l'étreinte du cœur qui les génère, ils valident et complètent la proximité entre les deux hommes. La liste des verbes s'allonge : il s'approche, il panse les blessures, il verse l'huile et le vin, il place l'homme sur sa monture, il le mène à l'auberge, il prend soin de lui, il attend le lendemain, il tire deux deniers, il invite à prendre soin et il assure de pourvoir à la dépense. Onze verbes pour onze gestes cadencés forment le déploiement actif du prendre-soin au profit du blessé.

Avant d'entrer plus précisément dans la teneur de ces onze gestes, quelques remarques peuvent nous aider à comprendre leur ordonnance.

Tout d'abord, ni les pensées du blessé ni les intentions du Samaritain ne nous sont partagées, à nous de les deviner, surtout chez celui qui prend soin, le porteur du care. Non seulement la vibration du cœur ne va pas désorganiser l'ordonnancement des mains mais elle va aussi emporter l'esprit de l'homme soignant à chaque étape du care. Elle enveloppe chaque geste de sentiments intenses et, en ce sens, chaque moment du prendre-soin est un prolongement de ce qui a touché le cœur au départ. Il nous faut imaginer les pensées fortes qui habitent chaque geste : « Je vais retourner la pesanteur de ses misères, contrarier par l'intérieur le poids de la mort, le remettre dans une plénitude de vie, panser son corps mais aussi lui rendre la joie s'il est triste. Je désire lui rendre l'énergie s'il est déprimé, valoriser ses qualités dès qu'il en doute, entraîner ses dons s'il est handicapé de l'âme, tel le coach sportif tirant le meilleur de ses protégés. » En reconstituant l'état d'esprit du Samaritain, on ne déborde pas notre sujet, on ne tombe pas dans la surinterprétation, on tente de saisir ses intentions, on ajoute la chair de l'esprit au squelette du geste. À compétence égale, le soin soigne mieux accompagné de chaleur et de joie, les deux amies préférées de la vie.

De plus, ce souci des soins ne regarde plus directement la misère, il ne se concentre plus seulement sur le mal, sur la moitié morte et, peut-être même, ne s'intéresse-t-il plus en premier aux blessures, aux complexes, aux manques, aux défauts, aux péchés. Il se concentre sur la vie présente en dessous de la misère, ce bout de vie avec sa sève dorée comme une goutte de miel. Il traque pour la sauver ce qu'il reste de vitalité chez celui qui souffre. Cette recherche de la vie pour elle-même préside à l'action du care. En soignant par nécessité la partie détruite, en grignotant la mort, le care souffle surtout sur les braises de la part vivante. Le care soigne et vitalise parce qu'il vise l'âme de l'autre et qu'il n'éteint jamais la flamme qui vacille. La mèche fumante piquée de son petit point rouge, la source humide suintant deux gouttes d'eau, le vieillard tremblant avec la lumière dans les yeux, tout signale encore la vie à défendre et à réveiller. Le care en fait son obsession, sa ligne directrice, il se tient en scrutateur des signes infimes trahissant la vie, il revendique d'y croire quand les autres détournent la tête.

La description de l'accompagnement par le Samaritain est quasiment clinique, opératoire. Un protocole précis, en forme de film au ralenti, défile sous nos yeux, avec des saisies d'écran pour bien cerner les gestes minutieux. Une telle minutie dans une parabole aussi courte ne manque pas d'effets sur le lecteur ni de conséquences sur le disciple. Il ne convient pas de bâcler cette séquence en une seule formule : « Il s'occupa de lui. » Le cycle de l'action ne roule pas dans n'importe quel sens, il s'enroule en étapes incontournables, telle une spirale ascendante. On objectera que ces étapes s'imposent en raison d'un contexte particulier, ici la route, mais qu'elles peuvent disparaître dans un autre décor. Ainsi, le chargement sur la monture est rendu nécessaire par l'éloignement de l'auberge mais quand le pauvre frappe à la porte de notre maison, la jument reste à l'écurie ! La réponse à cette objection est simple : la lecture littérale n'est pas une lecture littéraliste ; chaque geste a sa traduction symbolique et sa retranscription dans toutes les occasions de la vie où le care s'impose. La monture citée n'est pas forcément un cheval ou une ambulance, elle correspond à notre véhicule humain, comme nous le verrons, et le chargement de l'homme sur la monture signifie une prise en charge de l'autre par les moyens indispensables à notre propre existence.

Le Samaritain enchaîne les gestes avec précision mais fluidité. Pour filer la métaphore du film, la vitesse de défilement est donnée par cette volonté de ne jamais être arrêté dans la trajectoire du soin. Si le sauteur de haie ne vise pas la ligne d'arrivée, il chutera sur la haie suivante. Chaque étape est marquée mais sans se bloquer sur elle-même, de sorte que, ce faisant, le Samaritain l'assume dans une succession dynamique. Il anticipe sur tout, chaque geste est intégré dans un mouvement qui va plus loin que lui, vécu avec la conscience d'un avant et d'un après. Autre chose de tourner les pages d'un album photos et de s'y arrêter parfois sans volonté d'aller plus loin, autre chose de regarder un film dont chaque interruption est une frustration. Dans le second cas, tout est lié, le mouvement vaut autant que sa décomposition elle-même, raison pour laquelle les gestes du prendre-soin prennent la forme d'un cycle, éventuellement réitérable selon les rechutes ou les récidives. Segmenté, ce cycle n'aura pas le même effet sur le soigné : ce risque de la segmentation existe dès lors que plusieurs personnes prennent part successivement au même cycle de soin. Quand le malade voit un visage nouveau tous les jours, pour des raisons compréhensibles de service, il se sent en insécurité et il se met à croire, à tort ou à raison, qu'il n'est pas pris en charge par une personne mais par un « tout » anonyme, mal identifié par lui. Le passage du Samaritain à l'aubergiste se situe en fin de cycle au moment où la relation réciproque est assez forte pour croire, des deux côtés, à une responsabilité vécue à distance, de sorte que cette remise à d'autres ne soit pas vécue comme un abandon ou un oubli. Dans la succession probable de soignants différents, le fil rouge d'un visage aimant semble nécessaire au prendre-soin.

Enfin, précisément, même de loin, le porteur du care veille et l'homme blessé ne sera jamais délaissé. Si les exigences de sa vie professionnelle interdisent au Samaritain une présence permanente auprès du blessé, néanmoins sa vigilance supplée à sa proximité physique en le confiant à d'autres. Pourquoi une telle attention ? À cause de la solitude qui achève ce que les brigands ont commencé. Il ne peut pas rester seul, celui qui a été rendu hétéronome par les brigands, devenu dépendant de tout et de tous à cause de ses blessures handicapantes. Il a été rendu incapable de lui-même par l'attaque des hommes : l'isoler des hommes lui serait mortel. Chez la personne victime, il y a un paradoxe né de la défiance à l'égard d'un prochain qui fait mal mais dont il lui est néanmoins impossible de se passer.

Le contraste frappe entre l'attitude du Samaritain et les attitudes précédentes, celle des brigands qui le laissent massacré au milieu des rocs, celles du prêtre et du lévite qui le délaissent avec un cœur éteint, sans frémir à sa souffrance. La série de gestes propre au prendre-soin est une série convergente : elle converge vers la communauté de destin, vers un avenir définitif englobant le futur des deux. À l'inverse, le carcan de la solitude[1] achève les blessés de la vie car l'isolement participe profondément de leur détresse. La communion créée par le care répond à l'abandon, elle seule brise le cercle infernal de la mise à l'écart et le sentiment angoissant de ne servir à rien, de n'être rien.

Ne pas laisser l'autre seul, ce n'est pas forcément être toujours là, c'est parfois le confier à d'autres, l'aubergiste par exemple. Le Samaritain l'accompagne d'abord en promiscuité physique puis en proximité de cœur. Si le téléphone avait existé, il aurait pris des nouvelles : « Je suis loin mais je suis là, tu n'es pas seul, tu n'es plus seul, je pense à toi, je prie pour toi. » Mesure-t-on assez combien l'indifférence ronge les esprits et combien la communion, même vécue au-dessus des mers, rassure et alimente ? Et le blessé s'éveille en rêvant : « Je ne suis plus seul malgré mes crispations de solitude. Quelqu'un a accroché mon esprit au sien et j'existe pour lui. » Nos moyens de communication à distance réalisent matériellement cette relation distanciée mais celle-ci existe spirituellement dans notre conscience, indépendamment d'eux. Ainsi, les deux personnes, soignant et soigné, se retrouvent dans cette certitude partagée : « Désormais, nous faisons cause commune. Jamais plus tu ne te sentiras abandonné, délaissé, esseulé en bord de vie, livré au fleuve du temps, isolé en face de tes traumatismes. Et jamais plus tu ne seras ce voyageur occupé à sa seule vie, clos sur son propos intérieur, asphyxié dans son cœur. »

1. La solitude se décline dans « des » solitudes dont certaines construisent tandis que d'autres étranglent. Le défaut de solitude « monastique » engendre de la superficialité, mais le trop-plein de solitude nous déconstruit progressivement mais sûrement. L'homme massacré connaît la solitude terrible parce que ses blessures augmentent encore la distance d'avec les autres.

Chaque geste de ce cycle condense la bonté humaine. Déroulons pas à pas l'ensemble qui, jaillissant de son cœur étreint, fait du Samaritain un homme en acte de care, un preneur de soin de l'homme jeté à la poubelle des sans-intérêts.

Le dernier pas de la proximité

Tout commence par un «geste» surprenant par sa banalité. On ne le fixe jamais assez tant il paraît banal. Et pourtant, avant la souplesse des mains, on voit encore la mobilité des pieds: «Il s'approcha.»

Il s'approche («*prosélthon*», en grec). On s'intéresse peu à cette première action bien qu'elle coïncide justement avec l'idée de prochain, objet de la parabole. Le prochain est celui qui est proche et/ou celui qui s'approche. Dans les prochains, on distinguera donc les prochains éloignés et les prochains rapprochés. Les seconds ont fait le dernier pas, les premiers gardent une distance de sécurité.

Bien que déjà arrivé près de la victime, le Samaritain se rapproche à portée de main. On l'imagine parquant sa monture à proximité, puis faisant un pas de plus pour se coller au blessé. D'un certain point de vue technique, cette précision va de soi, elle est donc inutile: il se met à genoux pour toucher ce corps détruit qu'il va oindre d'huile et de vin. En effet, comment le relever et le charger sur la monture sans l'embrasser, le tenir dans ses bras? Mais l'insistance sur ce rapprochement n'offre aucun intérêt si on s'en tient à ce sens pratique. À ce niveau de sens, le détail serait superfétatoire, or la parabole écarte toute précision inutile. Un sens spirituel profond – essentiel pour le care – se découvre dans ce dernier pas, l'expérience d'une nouvelle perception de l'autre.

Grâce à l'effacement de toute distance, celui que j'apercevais au milieu des montagnes, tel un élément du paysage, celui-là occupe désormais tout mon champ de vision. Plus rien n'existe hormis lui, l'horizon disparaît au profit d'un visage. Ce rapprochement intérieur, cette nouvelle connaissance de l'autre, c'est le mouvement d'une bonté à différencier strictement de la justice sociale. Madeleine Delbrêl (1904-1964) l'explique d'une façon très suggestive. Assistante sociale à Ivry, en pleine banlieue communiste, elle se sent autorisée à faire une comparaison légitime entre les bienfaits publics et la bonté du Christ. Dans un texte inachevé de 1959, intitulé *La bonté*, elle relève la valeur de celle-ci, contre la mauvaise presse que lui font les « influenceurs » du moment et, surtout, elle en donne les caractéristiques en la nommant « le corps sensible de la charité », expression concrète de la bonté du Christ présente en un homme. Elle développe son analyse en trois temps.

En un premier temps, elle établit un constat sur ces bienfaits publics que nous appellerions plus volontiers aujourd'hui les aides sociales :

> Quand les bienfaits publics sont octroyés à l'occasion d'un accident, quand ils viennent aider les charges d'une naissance, quand ils accompagnent la vieillesse, primes, pensions, allocations, prestations répondent à une justice, accroissant les différences extrêmes avec les grands pays pauvres, mais elles ne remplacent aucunement la bonté. Ce n'est pas Jacques ou Jean qui, dans son malheur ou son bonheur, est aidé lui-même, c'est sa condition, c'est sa situation. Des dispositions collectives règlent des catégories collectives ; je me garde bien de critiquer ce que la société réalise ainsi de justice ; la critique est mieux employée à provoquer ce qui n'est pas réalisé encore. Je veux dire que la bonté est autre chose, fait autre chose.

Précisément, dans le deuxième temps, elle définit la bonté en contraste avec ces bienfaits publics :

> Pour un homme, rencontrer la bonté du Christ dans un autre homme, c'est avant tout être rencontré soi-même pour ce qu'on est soi-même. Le monde nous force à être nous-même, plus autre chose : famille, profession, nationalité, race, classe... Il nous met de force en série. Il nous juge sur ce qui est pour lui qualités et défauts mais qui n'est pourtant pas nous-mêmes. Chacun, dans la société, se sent marqué de péchés originels, variables avec chaque milieu et qu'on traite pour incurables. Pour la bonté de Jésus-Christ, c'est chacun qui existe et tout le reste devient d'un seul coup relatif.

La bonté rencontre cet homme-là dans sa singularité sans rien y enlever mais rien n'y ajouter. Même si elle ignore son nom, elle se saisit de lui comme un absolu, un visage captant toutes ses attentions. On connaît le refrain des amoureux : « C'était lui, c'était elle. » La bonté n'a pas besoin des précisions marquées sur notre carte d'identité pour étreindre et en prendre soin. En d'autres termes, la bonté du soignant rencontre la personne du soigné.

Enfin, en un troisième temps, Madeleine Delbrêl passe du sujet de la bonté à l'objet de cette bonté, du soignant au soigné. Elle vient d'examiner la particularité de la bonté dans le sujet de la bonté, chez celui qui incarne le care. Elle rappelle maintenant que cette bonté transforme radicalement celui qui en est l'objet, la victime de la parabole :

> À rencontrer la bonté de Jésus-Christ, on ne se sent pas devenu innocent ; on peut apprendre à ne plus se croire coupable de certaines faiblesses, on apprend vite celles dont on est atteint. Mais la bonté du Christ tient tout pour guérissable, elle nous apprend que ce « nous-mêmes » si malmené par le monde a une valeur absolument indépendante de la richesse, de la puissance, du brio, de l'influence, de la force et de la

> réussite. La bonté du Christ opère avec nous ; plus encore, elle espère de nous, de chacun, quelque chose. La bonté du Christ est avant toute autre chose une rencontre qui nous affirme que nous existons, qui nous rend présents à nous-mêmes, qui, avec nous-mêmes, marche dans une vie partagée[1].

Cet inconnu sur le chemin est devenu si proche qu'il occupe intégralement le Samaritain. Il est devenu son unique hors d'une catégorie sociale qu'il ignore et dont il n'a pas souci. Ce « il s'approcha » signale le moment où le soignant prend conscience de la singularité de la personne dont il prend soin. Ce n'est plus « quelqu'un » entrant dans la catégorie : père de famille, étranger, pauvre, blessé ou accidenté de la route. Sans l'analyser philosophiquement, il découvre cet être humain en tant que personne. Quand l'homme considéré comme un individu reste un morceau de la masse, l'homme expérimenté comme une personne s'inscrit hors de l'espace-temps alors qu'on le rencontre dans l'espace-temps, ici et maintenant. Sans ce rapprochement à toucher, l'autre est nécessairement considéré comme le membre d'une classe, d'un clan, d'un genre, d'un groupe. On s'en occupe parce qu'il remplit les critères pour être assisté. Le care soigne une personne connue comme telle. Ce dernier pas du Samaritain fait de son émotion initiale, levée en face du blessé, une véritable bonté allant à la personne de la victime.

On peut rendre par une image ce premier temps de l'action en évoquant un proverbe tibétain : « Un jour, en marchant dans la montagne, j'ai vu une bête. En m'approchant, je me suis aperçu que c'était un homme. En arrivant près de lui, j'ai vu que c'était mon frère ! » Pour le chrétien, l'homme au regard pénétrant par la foi, nous pourrions

1. Madeleine Delbrêl, « La femme, le prêtre et Dieu », in *Œuvres complètes*, tome IX, Nouvelle Cité, Bruyères-le-Châtel, 2011, pp. 227-228.

rajouter: en me rapprochant jusqu'à le toucher, j'ai reconnu le Christ. Pour tous, on pourrait dire: désormais collé à lui, j'ai ressenti une personne, un quelqu'un dont je ne sais rien mais que je connais comme mon tout.

L'analyse de Madeleine Delbrêl allie la perception de l'autre pour lui-même, l'homme en tant que personne, et la relation avec lui comme lieu de la bonté. Personne et bonté marchent ensemble: je ne peux pas voir l'autre comme personne sans bonté et la bonté ne commence qu'avec la perception de l'autre comme personne humaine. Le care voit la personne et il ne peut qu'être l'expression de la bonté.

Le dernier pas: l'attention suprême

Dans le même temps, réalisé sous emprise de la bonté, ce dernier pas élargit cet homme à tout mon champ visuel, tout devient relatif ou invisible à côté de lui, selon l'expérience banale (voire agaçante) du géant qui me cache l'écran parce qu'il est assis devant moi au cinéma. C'est, dans le chemin du care, l'homme qui mobilise toutes mes énergies, contre le milieu ambiant souvent hostile à cette concentration exclusive sur un seul homme. Les gens autour de nous nous voudraient plus raisonnables, plus ouvert, moins « obsessionnels ». Ils craignent que nous en fassions trop, aux dépens de notre avenir personnel, englués dans une relation sans retour et sans limites.

Mais en balance de toutes ces peurs, il faut mettre le bénéfice étonnant de cet investissement: ce rapprochement ultime réveille véritablement celui qui est visé, il lui permet d'entrer en résilience. Seule la bonté, ce dernier pas au départ du cycle, ouvre en grand les portes de la vie:

> Le cœur des hommes de notre temps s'asphyxie lentement, sournoisement d'une absence universelle : celle de la bonté. Aussi la rencontre d'un homme réellement bon, d'une femme réellement bonne, produit-elle sur d'autres hommes, sur d'autres femmes quelque chose qui ne relève pas du domaine de la pensée, un véritable phénomène d'oxygénation du cœur. Ces hommes, ces femmes réalisent que quelque chose d'essentiel à leur vie humaine leur est rendu[1].

Ce premier pas peut nous effrayer dès qu'on sent qu'il sera sans retour, qu'il y aura un avant et un après car on n'aide plus le membre d'une catégorie, mais on prend soin d'un homme reconnu dans son ampleur. Si le pauvre, l'étranger, le malade peuvent s'oublier, Jean, Odile, Mohamed ou Salomon nous marqueront à jamais. On ne s'approche pas à ce point d'une personne sans effet rétroactif. Ou radioactif. Le blessé rayonne malgré son silence et sa passivité. Ce constat ne nous fera pas reculer ou hésiter mais la transparence exige qu'on le crie : on ne sort pas indemne du care.

L'interprétation de ce dernier pas comme découverte de la personne concentrant tout notre intérêt peut être complété par l'observation de Simone Weil lorsqu'elle parle de l'attention, mot déjà employé plus haut et thème qui lui est cher autant que celui du malheur qu'elle a découvert par compassion. Elle l'écrit à l'un de ses meilleurs amis, Joë Bousquet, à peine entrevu un soir :

> L'attention est la forme la plus rare et la plus pure de la générosité. Il est donné à très peu d'esprits de découvrir que les choses et les êtres existent. Depuis mon enfance, je ne désire pas autre chose que d'en avoir reçu avant de mourir la révélation complète. [...] Seul un être prédestiné a la capacité

1. *Ibid.*, p. 229.

> de demander à un autre : « Quel est donc ton tourment ? » Et il ne l'a pas en entrant dans la vie. Il lui faut passer par des années de nuit obscure où il erre dans le malheur, loin de tout ce qu'il aime et avec le sentiment d'être maudit. Mais au bout de tout cela, il reçoit la capacité de poser une telle question, et du même coup la pierre de vie est à lui. Et il guérit la souffrance d'autrui[1].

Peut-être le malheur expérimenté sera-t-il la seule force pour résister à notre crainte – ou celle de l'entourage – de trop nous engager ? Peut-être est-il l'unique énergie pour poser ce pas de la bonté, pour passer de la proximité à la promiscuité, sans marche arrière possible ? Peut-être nous faut-il mendier ce don de l'attention, le seul à même de nous révéler l'autre et d'ouvrir en nous les flots de la bonté ?

Peut-être le prêtre et le lévite n'étaient-ils pas encore passés « par des années de nuit obscure où il erre dans le malheur » ? En tout cas, le Samaritain a rejoint le peuple de ces êtres prédestinés possédant « la capacité de demander à un autre : "Quel est donc ton tourment ?" ».

Tout le monde a le droit d'agir

Les souffles se croisent. Penché sur lui, le Samaritain perçoit la respiration difficile de l'homme abattu. Il vit encore. Alors ses mains s'animent : « Il pansa ses blessures en versant de l'huile et du vin. »

Devenue elle-même par le rapprochement ultime, la bonté pose des gestes, ces « actes sensibles, tangibles, concrets » dont parlait Madeleine Delbrêl. Le Samaritain

1. Simone Weil, *Correspondance*, lettre à Joë Bousquet du 13 avril 1942, « Le bruit du temps », pp. 18-19.

prolonge l'élan de son cœur avec ses pieds en s'approchant, puis avec ses mains en pansant. Cette prise de possession de la matière par nos mains s'impose au Samaritain autant qu'elle est nécessaire au blessé. Si elle n'est pas possible, elle consume le soignant et achève le blessé. Qu'est-ce à dire ?

Parce qu'elles sont visibles, nos mains livrent notre âme aux regards des autres et par elles nous devenons témoins. Mais les mains font beaucoup plus : elles délivrent aussi l'âme de son feu ; sans elles, l'âme finit par être dévorée par l'intérieur. À un moment donné, nous sentons qu'il nous faut agir : non seulement ce sentiment prend la forme d'un devoir moral, celui d'assister son frère, mais il prend aussi la forme d'une pression intérieure, celle d'un bouillonnement. Cette fièvre d'action se doit d'être maîtrisée, pour autant elle ne peut pas être repoussée ou condamnée. Le care investit notre cœur au point d'exiger l'action et si, par malheur, l'impuissance ou un refus s'y oppose, la frustration naît et se transforme en véritable avortement du cœur.

On le constate avec tristesse : on nous refuse parfois l'action. Quelquefois, le principe de précaution ainsi que la jalousie de certains experts cassent l'élan du care au motif d'amateurisme. Et, certes, nous ne sommes pas tous appelés à poser les mêmes gestes, dont certains très techniques réclament des connaissances particulières, souvent longuement acquises par de rudes formations. On ne s'improvise pas chirurgien ou psychologue. Mais les sachants ne peuvent pas garder l'exclusivité de l'action. La prudence est de mise, l'amour ne repousse pas l'intelligence et l'action appelle parfois la compétence : personne ne rechigne à l'affirmer. Il n'empêche que rien n'indique que le Samaritain ou l'aubergiste furent des médecins, on est même en droit de soupçonner le contraire. Chaque associé à ce chemin du care peut comprendre que les autres ont aussi besoin d'agir, selon leur compétence mais aussi à la hauteur de leur cœur. La mise en place d'alliances thérapeutiques est prophétique car on y cesse de se défier des parents ou du personnel soignant, pour collaborer dans le dialogue et le partage d'informations.

Nos protocoles de soin ou d'écoute ont leur raison d'être et il ne serait pas sain de les rejeter en bloc. Par respect ou pour éviter les abus, il est demandé de suivre des règles précises dans le contact avec un enfant, un malade, une personne en fragilité. D'autant qu'un corps fragilisé va réagir négativement à une pression trop violente ou un toucher mal préparé. Retourner un corps torturé sans précautions, le charger sans connaître les risques d'aggravation, vouloir lui faire du bien sans compétences… autant d'attitudes bienveillantes a priori mais redoutables dans leurs effets. Et pourtant, si tout cela est vrai, rien ne remplacera jamais le témoignage actif d'une proximité délicate et respectueuse. Une mère console-t-elle son enfant sans le prendre dans le cercle de ses bras ? Lui fait-on l'obligation d'un master en sciences de l'éducation avant d'enfanter ?

Par ailleurs, non plus le soupçon humain mais un constat d'impuissance peut nous paralyser : nous restons sidérés face à la souffrance d'un bien aimé, les bras ballants, sans pouvoir « faire quelque chose », tout simplement parce que nous sommes persuadés qu'il n'y a plus rien à faire (ou certains nous l'ont fait croire). Il semble que le care balaie cette impuissance : pour lui, il y a toujours quelque chose à faire, et en cela, dans son dynamisme interne, il développe une prodigieuse imagination. Tu ne peux pas opérer ? Mais tu peux toujours accompagner. Tu ne peux pas ressusciter un mort (c'est là une limite assez commune, semble-t-il…) ? Mais tu peux assurer une présence, proposer un service à la famille, aller chercher les enfants à l'école, etc. Le care ne se contente pas de lister ses limites mais il veille à les affronter et à les dépasser par l'imagination.

Le care est un étrange processus qui ne baisse jamais les bras. Il ne s'en laisse pas conter par d'autres, il cherche et trouve où s'impliquer, semblable au Samaritain, il panse, il soulage, il persiste contre vents et marées à soutenir la vie.

Le corps de chair

On a vu combien les coups des brigands avaient tuméfié la chair. Si les plaies des organes se sont transformées en plaies de l'âme, en traumatismes psychiques et spirituels, il n'en reste pas moins que le corps crie par les bouches ouvertes des blessures. On approche l'autre par son corps, par la médiation de son corps et du nôtre. Il n'est que de regarder un tout petit enfant pour comprendre que le soin des hommes commence par le corps, qui tète ou est tété, qui serre, enserre, étreint ou caresse.

Le corps indique clairement l'unicité et l'unité que je suis. Ici et non pas ailleurs, maintenant et pas hier, moi et pas toi. L'expression latine «*hic et nunc*», ici et maintenant, assume la place du corps que nul virtuel ne peut remplacer malgré les progrès technologiques. Les visées des mondes virtuels ne pourront jamais substituer dans le prendre-soin un avatar au corps humain. Elles ouvriront des voies virtuelles intéressantes pour guérir ou enseigner, pour distraire du présent ou contourner le réel. Elles ne remplaceront jamais la rencontre corps à corps, chair à chair, celle de deux lutteurs, celle de deux amoureux, celle du Samaritain et du blessé.

L'implication du corps peut faire peur surtout en ces temps où sortent – à juste titre – les méfaits des pervers. Il y a bien sûr des stratégies pour embrasser sans être suspect d'abus. Œuvrer à vue d'autres personnes, expliquer les gestes qu'on va faire, vérifier que l'autre ne s'y oppose pas, réfléchir en inversant la situation pour discerner si l'acte que je vais poser me manquerait de respect, etc. Dans les conditions actuelles, on se doit de rappeler cette vigilance. Mais si celle-ci nous pousse à ne plus agir et à ne plus nous rapprocher, « quelque chose » du Samaritain s'effacera et, avec lui, les reflets terrestres de la tendresse éternelle.

Dans le care authentique, puis-je faire l'économie de son corps, de mon corps ? « Il nous a aimés jusque-là ! », s'exclame saint Paul. Le Christ nous a aimés jusqu'à la Croix. Il a aussi accepté que, devant les pharisiens, la femme pécheresse touche ses pieds ou sa tête. L'ambiguïté peut naître de cette proximité tactile et on ne peut l'ignorer dans un univers humain marqué par des relations inadaptées. Malgré tout, en assumant les exigences du respect, qu'en est-il du risque de la proximité physique comparée au risque, car c'en est un, de l'absence physique ?

Les blessures traumatiques

« Il pansa ses blessures en versant de l'huile et du vin. » Le mot « blessures » a évolué : après les coups, à l'origine des plaies, la parabole insiste sur ce qu'il en reste, les traumatismes de chair et d'âme. Les mots « *trauma* » ou « traumatismes » nous sont aujourd'hui bien connus. « J'en sors traumatisé », peut-on dire à la sortie d'un passage difficile, avec la conscience d'un effet durable bien plus grave que le souvenir laissé par coup lui-même.

Il y a parfois un peu d'exagération dans nos propos, un choc passager n'est pas forcément un traumatisme pérenne. Une souffrance et un échec sont plus fréquemment des petites égratignures vite cicatrisées que des traumatismes inaliénables. Il nous faut apprendre à faire la part des choses. Nous nous cognons à d'autres personnes tout au long de notre vie et il est rare d'arriver à un âge avancé sans un corps et un cœur un peu balafrés. Celui-ci pourra montrer les cicatrices d'un accident de ski et celui-là les traces de ses échecs sans se faire le témoin de secousses effrayantes. Il faut raison garder, il ne suffit pas de se souvenir d'un accident pour en faire un traumatisme, seul le recul nous permet de juger des dégâts réels. Le mot « traumatisme » indique précisément une blessure physique et/ou psychique consécutive à un choc violent, trop puissant pour qu'on puisse l'absorber en totalité, et laissant une expression actuelle et active de sa nocivité, par exemple les angoisses. Se faire piquer par l'épine d'un rosier ne cause pas un traumatisme même si la douleur est très vive. En revanche, même sans violence corporelle ou menace spirituelle, un abus sexuel cause toujours un traumatisme dont, parfois, on mettra des années à prendre conscience car il se dissimule sous une carapace, bloqué dans un compartiment que l'on croit étanche (mais qui ne l'est jamais tout à fait).

L'événement déclencheur du traumatisme ne laisse pas des effets identiques sur des personnes différentes, ce qui le rend difficile à interpréter chez l'autre mais aussi chez soi. Dans notre parabole, l'extrême violence de l'agression ne fait aucun doute. Mais, dans certaines vies, on cherchera à minimiser les conséquences d'un choc estimé passager au moment de sa percussion. Parce qu'on a envie de vivre, on croit s'en sortir en le dévalorisant, ce qui est assez souvent vrai si l'on en juge son impact physique, les agressions laissant peu de traces corporelles durables. Mais l'on se trompe sur les séquelles intérieures : les mois et les années passent et les effets mortifères accroissent leur emprise. Certainement, le care appelle à cette délicatesse dans le diagnostic, sans diminuer mais sans exagérer les traumatismes de l'attentat.

L'huile de la consolation

Désormais, au plus près du malade, le Samaritain soigne les blessures avec l'huile et le vin, et dans cet ordre : l'huile adoucit, c'est l'onction de la douceur, sans brutalité ni remède rude. Puis le vin nettoie, purifie, évite la contagion ou l'infection du mal.

D'abord, le passeur de vie s'efforce de soulager, dans l'attente d'autre chose, telle celle qu'il commandera plus loin à l'aubergiste. Avant tout, il veut adoucir. On ne peut toujours guérir ni remettre rapidement sur pied mais il semble qu'on puisse toujours soulager, mettre un peu de baume au cœur, de l'huile sur les plaies. L'amour de ce prochain à moitié mort commence par ce soin-soulagement. À ce stade, la volonté d'aller vite peut jouer contre la victime. Quand elle commande, l'efficacité nous fait parfois sauter les étapes : on vise la guérison sans même se rendre compte que cette volonté est souvent illusoire au regard des blessures aux effets définitifs, d'une part, et de nos connaissances actuelles, d'autre part. Famille, malade, soignant, tous désirent la guérison ou la rémission longue, néanmoins, tout en étant aussi ambitieux, le care prend le temps de soulager, d'alléger le poids de la douleur, d'atténuer l'emprise de la souffrance. Encore une fois : le care scrute ce bout de vie, la flamme minuscule qu'il ne lui faut pas étouffer ou souffler en voulant la ranimer trop vite. La souffrance écrase méchamment et la douleur enferme dans des griffes d'acier. Le prendre-soin ne peut pas ne pas les regarder pour elles-mêmes.

Le Samaritain avait fixé son attention sur l'homme-personne, ce tout un et unique. Il s'attache désormais à ce qui le fait souffrir en laissant de côté, pour l'instant, la cause de la souffrance. Une à une, les plaies concentrent son souci. Ce premier soin d'urgence a pour seul but de diminuer la dose de la douleur. Trop forte, elle rend intransportable le blessé, cette raison s'impose à l'évidence. En la réduisant autant que faire se peut, le soignant conditionne le blessé pour pouvoir le transporter, à la façon des pompiers intervenant sur un accident. Mais cette action de l'huile va beaucoup plus loin : en évacuant une part de l'extrême douleur, elle inaugure le chemin de l'autonomie, part essentielle du vivant.

Naguère encore, il fallait souffrir, il était presque louable de souffrir et, en l'absence des antalgiques ou analgésiques, on jouait sur la fibre spirituelle pour aider à supporter la douleur en lui donnant un sens spirituel. En réalité, la volonté du Créateur rejoint le vœu de chaque homme : la douleur pèse et handicape, elle absorbe une immense part de l'énergie aux dépens des autres actes de vie. Utile pour dénoncer les maux que le silence pourrait tuer, à l'instar de certains cancers muets qui se diagnostiquent trop tard, la douleur est une opportunité pour lutter contre le mal invisible et insidieux. Néanmoins, elle forme un carcan autour des lambeaux de vitalité. Conscient de cet état de fait, le care ne va donc pas faire l'impasse sur la diminution prioritaire de la douleur, voire sa disparition. À l'inverse, une thérapie sans antidouleur ne porte pas le patient à réagir avec le reste de ses forces. Le premier besoin de l'homme étant de moins souffrir pour s'aider lui-même à guérir, le premier souci du care sera de le soulager en vue d'un gain de liberté.

Parmi les « antidouleurs », échappant à la chimie mais pour les assumer tous, la consolation. Nous avons vu souvent comment la proximité soulage, ouvrant la porte sans tromperie pour s'échapper d'une solitude infernale. Par les représentations de la scène comme par notre vécu, on imagine volontiers que toute la vie du blessé tombé aux mains des brigands se réfugie dans son regard. Peut-être aussi dans ses oreilles. Ses yeux grands ouverts étonnés de l'indifférence des uns, mais consolés par la présence du troisième. Et des mots doux viennent baigner ses tympans, alors même que leurs sens échappent au cerveau embrumé par la souffrance.

Autre chose la consolation, autre chose l'espérance. Entre les deux parfois, on tente de glisser la fausse tendresse des illusions : « Tu sais, ce n'est pas grave, tu t'en sortiras vite... » Souvent, nous ne savons pas quoi dire et nous nous croyons tenus à parler. Mais la consolation ne bavarde pas, elle console en témoignant que l'isolement est rompu, que l'aide est là, que la relation éparpillée sur ce sol du désert renaît dans les mains du bon Samaritain. Elle ne s'étend pas sur le futur encore ignoré, surtout à ce stade sans diagnostic sérieux, elle décrit le présent, avec des mots précis autant que les gestes. Elle explique chaque geste, elle annonce le suivant, elle prend garde à toutes les douleurs.

Le vin de l'espérance

L'huile du soulagement puis le vin pour éviter les évolutions maléfiques. Le vin répandu sur la plaie vise à freiner le processus de gangrène externe ou interne. Le Samaritain n'empoigne pas directement l'homme en plaies pour le conduire au plus vite à l'hôpital. Il soulage et, par là, il le valorise puis il stoppe l'hémorragie, il fait barrage autant qu'il le peut aux poisons du choc. Il traite les plaies. Il n'oublie pas l'homme dans son intégralité mais ce deuxième temps du cycle s'intéresse aux plaies du corps, à celles de l'âme, peut-être à celles de son esprit. Le vin de la reconnaissance, d'un partage fraternel sur la maladie, sur ces conséquences, sur les traitements possibles et leurs effets secondaires, tout cet ensemble forme le vin de la vérité, certaines fois brûlant, à verser délicatement à mesure de ce qui est supportable par le blessé. L'alcool sur la plaie fait mal ainsi que la vérité sur le traumatisme : combien de larmes sont versées lors d'entretiens en vérité, vérité dite par le soignant mais surtout vérité montant des profondeurs du soigné. L'émergence du souvenir, de plus en plus précis, secoue terriblement, mais, aussi éprouvants soient-ils, ces tremblements font du bien et les larmes marquent le visage pour une première sortie de l'enfer intérieur.

Les plaies de l'âme ne se traitent pas autrement en un premier temps. À la première rencontre avec une personne victime, la volonté de bien faire peut tourner à l'absurde. Le prendre-soin commence ici par une reconnaissance, une écoute, la douceur d'une rencontre, l'identification des poisons susceptibles de nuire encore et toujours. Le vin de la vérité fait un peu mal au départ mais dès que ce premier effet de brûlure cesse, il apporte un véritable soin. Au moins le mal a été cerné, la blessure toujours active est désormais prisonnière de la vérité, et le transport peut commencer[1].

Les chrétiens connaissent bien ce message de Jésus : « Venez à moi vous tous qui êtes fatigués et chargés, et moi je vous soulagerai » (Mt 11, 28). On peut aussi traduire : je vous procurerai le repos, à partir du mot grec (« *anapauô* ») qui signifie « cesser le travail pour recouvrer ses forces », rester tranquille, en une attente calme et paisible. On peut rajouter : mettre un terme à l'immense effort de la souffrance instantanée, enlever un poids psychique insupportable…

1. Avec la vérité, ou plutôt en elle, se met en place l'œuvre de justice. Parler du vin de la justice englobe toutes les dimensions de la vérité, dont la connaissance, la reconnaissance, la pureté recouvrée, etc.

Grâce à la foi, les croyants ajoutent un sens transcendant au vin de la vérité, ils vont parler du vin de l'espérance. Au fond, ils ne complètent pas la vérité, ils la radiographient, ils en disent un contenu trop compact pour être analysé par la seule raison. Là, dans l'espérance, se rejoignent l'enseignement du Christ, le désir de la vie éternelle, la souffrance de la victime, le care du soignant chrétien :

> « Le vin de l'espérance » est la contribution spécifique de la foi chrétienne au soin au malade et fait référence à la manière dont Dieu surmonte le mal dans le monde. Dans la souffrance, l'homme doit pouvoir faire l'expérience d'une solidarité et d'un amour qui assume la souffrance, offrant à la vie un sens qui va au-delà de la mort. […] Le témoignage chrétien montre que l'espérance est toujours possible, même dans la culture du déchet. […] La plus grande misère, cependant, consiste en l'absence d'espérance face à la mort[1].

Le vin versé sur les plaies, c'est aussi l'espérance glissée dans un cœur, c'est la vie redimensionnée dans une visée plus lointaine que la mort, les espoirs de guérir transformés en désir de l'Éternel. Quand tout l'être crie sa mort, le temps épuisé de tout futur se déchire pour découvrir non le vide mais le Plein, celui qui embrasse tout.

---

1. Congrégation pour la doctrine de la foi, lettre *Samaritanus bonus*, 14 juillet 2020.

7

La monture et l'auberge (Le cycle de l'action, deuxième partie)

Le cycle de l'action débute avec ce temps à terre, entre les blocs de pierre et le cœur de chair. Il se poursuit maintenant entre la route et l'auberge. En quittant l'urgence, cette suite n'oublie jamais ses racines. En cas contraire, elle s'affaisserait en soins sans montée en température du cœur. D'une certaine façon, la continuité de l'action et son élan font de chaque geste un étage supplémentaire qui s'écroule si les précédents cèdent. On imagine la tendresse et la consolation se prolonger et étreindre l'homme pesant pour le hisser sur l'âne ou la mule. Les gestes successifs et distingués par la parabole se cumulent et ne se concurrencent pas.

Le cheval de saint Paul et les épaules du Samaritain

« Puis il le chargea sur sa propre monture. » Dans l'iconographie, on note une interprétation baroque de la conversion de saint Paul que l'on peint chutant lourdement de son cheval alors qu'une lumière l'enveloppe et qu'une voix l'interpelle. À raison, les lecteurs de l'Écriture notent que les textes ne parlent jamais du cheval, encore moins d'une chute de cheval. Si ne pas le mentionner ne nous assure pas de son absence, le mettre en avant dans la scène embrouille les pistes.

À l'opposé, certaines représentations du bon Samaritain, des icônes en particulier, oublient la monture. Elles représentent l'homme blessé sur les épaules du Samaritain, tel le bon pasteur rapportant la brebis perdue sur ses épaules. On conçoit l'intérêt de ce parallèle avec le bon berger délaissant le troupeau dans le désert pour aller chercher l'unique brebis égarée et la rapporter au bercail, sur son dos pour lui éviter la fatigue. Mais l'effort de l'homme soignant ne consiste pas à porter sur ses épaules mais à charger sur sa monture, éclairant une autre forme d'amour que celui du beau Pasteur.

En voyage, le Samaritain transporte donc de l'huile et de vin, bien notés, mais peut-être aussi des fruits ou des épices. Sa monture se justifie tant par le fardeau transporté que par la longueur du trajet, et qu'elle soit un âne, une mule ou un cheval ne change rien à l'affaire. Il dispose maintenant le malade sur sa bête. En somme, le blessé prend sa place sur son véhicule. En première lecture, son prendre-soin lui impose de ne pas le laisser là et sa monture est le moyen providentiel pour le transporter loin, dans quelque lieu favorable à la guérison. Avait-il le choix de faire autrement ? Et, par ailleurs, le blessé a-t-il eu le choix de ne pas monter ? Voilà le premier point très sensible à interroger avant d'aller plus loin et, même sans réponse convaincante, on doit le soulever comme un problème pour exposer honnêtement une des difficultés du care : le Samaritain le charge sur la monture sans vérifier son consentement. La liasse de papiers à signer avant une petite opération chirurgicale suffit à se convaincre de l'importance actuelle du consentement dès qu'on touche au corps d'un autre. Que dire alors devant cette façon de faire du Samaritain ?

Quand la responsabilité en impose

« Puis il le chargea sur sa propre monture » sans lui demander son avis, sans vérifier son accord. Ceux qui ont entendu des personnes victimes savent que cette initiative lève un lièvre : jusqu'où amputer la liberté d'un homme pour l'aider malgré lui ou, au moins, sans son consentement explicite ? Mon souci m'autorise-t-il, dans certains cas, à faire l'impasse sur l'autorisation de l'autre ? Le poids de cette question est évidemment proportionnel à la gravité des gestes que je veux lui imposer. Imaginons le pire : dois-je débrancher cette aide respiratoire ou cesser la nutrition par perfusion sans le consentement du patient ? Les débats théoriques et pratiques sur ce thème n'aboutiront jamais à une casuistique simpliste.

Toutefois, à ce point du parcours, éluder cette question ne nous permettrait pas d'affronter des situations complexes et concrètes face auxquelles le care se trouve régulièrement confronté. Tôt ou tard, la « diminution » du soigné ne l'autorise plus à une lucidité complète sur lui-même et donc à l'exercice plénier de sa liberté. Les cas extrêmes viennent souvent en exemple mais ils ne représentent pas l'immense majorité des relations entreprises par le prendre-soin. Bien plus nombreux se présentent à nous des hommes et des femmes aux apparences intactes. Les façades ne trahissent pas toujours les fissures des fondations. Sur notre chemin, gisent ces blessés de la vie dont beaucoup se croient volontiers en mesure de réagir personnellement à leurs traumatismes et ils ne supporteront pas une décision prise à leur sujet dont ils n'auraient pas été co-acteurs. Mais s'ils se trompent sur eux-mêmes, que faire ?

Dans l'Évangile, l'homme blessé ne semble pas être en état de vouloir ou de décider : il est pris en main par le Samaritain, sûrement persuadé que l'homme attaqué est en incapacité de parler, de réfléchir et de trancher sur ce qui est bon pour lui. Il décide pour lui parce qu'il se considère comme responsable de l'homme blessé autant qu'il se sait responsable de lui-même. Cette formule n'est que la projection de l'amour du prochain sur le plan du care. Le care engage son porteur dans ce qui fait sa stature d'homme, dans sa maturité structurée, dans une solidité éprouvée par des hésitations antérieures et résistante à la tentation de la reculade. D'une certaine façon, la responsabilité n'est rien d'autre que la stature d'un homme debout, qui fait face.

Responsable, donc prêt à répondre de ses gestes, à assumer leurs conséquences, et les reproches qui viendront par la suite: « tu aurais dû », « tu aurais pu », « il ne fallait pas »... Ces critiques des spectateurs aux mains propres, jugeant après coup la situation depuis leur fauteuil, peuvent nous paralyser. Elles ont pour elles de ne jamais manquer en cas d'échec, elles ont contre elles de prétendre à un mieux chimérique aux dépens d'un bien réel. Du reste, ces critiques posthumes ne mettent jamais en balance le risque de ne pas agir – ou de retarder l'action – et celui de laisser mourir l'homme du chemin. Si l'on convient qu'il faille assez douter de soi-même pour ne pas faire plus de dégâts avec le soin proposé qu'avec son absence, on tient malgré tout qu'il est rarement bon d'abandonner quelqu'un à son sort, surtout s'il baigne dans son sang ou se noie dans ses angoisses. Le dilemme intérieur se résout donc difficilement tant qu'on n'a pas mis en face de la solution incertaine, prise au mieux de nos connaissances, le danger certain de l'inaction. Il serait parfois plus facile de passer outre en se persuadant que d'autres viendront après, d'autres plus compétents et disposant de plus de moyens et de temps. Oui mais, si cet homme m'était confié à moi et à personne d'autre ? Cette conviction intime – souvent invérifiable – semble appartenir à cette étape du prendre-soin. Moi sinon personne. Moi avec mes moyens sinon personne avant ou après. Moi et maintenant, à défaut de mieux et plus tard. C'est la formule pour dire ma responsabilité sur l'autre comme je suis en responsabilité de moi-même.

Prendre le risque d'agir contre la volonté d'un homme pour son bien et l'assumer ensuite n'est certainement pas le moment le plus facile du care. Si un homme en état comateux ouvre déjà l'entrée du labyrinthe à bien des décisions tâtonnantes, que dire alors quand on a affaire à des personnes conscientes ? Doit-on alors forcer la victime à monter sur l'âne ? On ne peut contraindre la personne lucide à consulter dans un centre spécialisé. Il faut alors lui inspirer suffisamment de confiance pour l'aider à s'engager dans un chemin de soins encore obscur pour elle. Inciter, presque pousser à telle ou telle thérapie exige une éthique forte et une transparence absolue. Mais doit-on exclure systématiquement la pression au motif de la liberté de chacun, en particulier quand cette liberté ne peut être pleinement actionnée diminuée qu'elle est par le traumatisme ?

Tant qu'un soignant n'a pas affronté la question de la liberté de l'autre, il ne pourra se sentir en réelle responsabilité. Qu'il sache aussi que cette responsabilité ne le mettra jamais en sécurité absolue car l'homme d'action n'a pas reçu la promesse de l'inerrance.

La monture du Samaritain

Reste la monture. Dans le chemin du care, qu'est-ce que cette monture du Samaritain sur laquelle il charge son blessé ?

En première lecture, celle déjà entreprise avec la question du consentement, il n'est pas interdit d'y voir d'abord… un animal ! Le sens littéral n'est pas toujours le plus mauvais, le contact avec le monde animal s'inscrit parfaitement dans le prendre-soin. On découvre scientifiquement ce que les millénaires d'animaux domestiques nous ont appris : l'importance pour certains soins d'un animal « de compagnie ». Par exemple, dans leur difficulté extrême de communication, les personnes atteintes de la maladie d'Alzheimer nouent un lien formidable avec les chevaux[1].

Des histoires célèbres démontrent la capacité prodigieuse des chevaux à lire le langage non verbal et non intentionnel des hommes : ainsi Hans le malin, le cheval qui savait compter et qui a ébloui les savants à la fin du XIXe siècle. Cette monture du Samaritain, c'est avant tout la participation nécessaire de la création au care et elle précède l'extension au social, cette pénétration dans le monde des hommes réalisée grâce à l'auberge. L'illustre voyageur ne peut s'en sortir sans les animaux, ici sa monture, et de façon plus générale sans le monde du vivant, sans le cosmos en travail d'enfantement. Chiens, chats, chevaux

1. « Élaborer un projet d'accompagnement avec les équidés pour les personnes atteintes de la maladie d'Alzheimer ». L'intérêt des activités de médiation avec les équidés est désormais unanimement reconnu par les acteurs de terrain. Les équidés sont de plus en plus présents pour accompagner les personnes atteintes de la maladie d'Alzheimer, que ce soit en institution ou dans le cadre de projets associatifs. Pour les personnes atteintes de la maladie, il n'est pas toujours aisé de mettre en mots, exprimer ses ressentis, ses perceptions et ses difficultés. Les particularités de la maladie et le caractère évolutif doivent être pris en compte par les professionnels. Étonnamment, le contact, la rencontre, la relation avec le cheval génèrent des émotions et des mises en actions, des expressions authentiques, volontaires. Les bénéfices sont nombreux (source : site internet de l'IFCE, l'Institut français du cheval et de l'équitation).

collaborent au care, mais aussi le jardin que l'on cultive et le champ des étoiles que l'on caresse du regard.

Mais, songeant aux moyens pour vivre, on peut chercher un deuxième sens à cette monture. Qu'est-ce que « ma » monture sur laquelle j'avançais seul, chargé de moi-même, aspirant l'air brûlant de la steppe, fatigué de ma route, usé par ma vie ? Que sont ces moyens grâce auxquels je déroule le fil des années, porté par mon élan vital, mobilisé par mes projets et mes amours ? L'argent, la joie, la maison, les espoirs ? Moyens importants, noble monture, moyens de pauvre, misérable haridelle, qu'importe ? Le vrai défi est de mettre sa fatigue personnelle en face de la blessure de l'autre. Il profite de ma mule tandis que je mène ma peine à pied. Au moment où je me saisis de l'autre pour le mettre à « ma » place sur « ma » monture, je préfère sa blessure à ma fatigue, son poids au mien, sa charge à la mienne. Cette préférence ne va pas forcément de soi dans un monde où nous luttons pour vivre, en hommes « fatigués de porter leurs misères hautaines », selon le mot du poète José-Maria de Heredia.

Le poids de ma vie me suffit souvent et, qu'il soit d'or ou de cuivre, mon argent suffit tout juste à mes besoins. Qu'il soit de retraite ou d'active, mon temps est à peine adapté à mes affaires. Et précisément, le temps est notre moyen universel, notre monture commune. « Marche au même pas que le temps et à la même allure que lui », suggère une sagesse tibétaine. Placer l'homme inerte sur notre monture, c'est le poser sur le train du temps, sur l'aiguille de notre horloge, l'inscrire dans notre agenda, nous mettre à son rythme à lui, l'intégrer dans nos journées. Ce faisant, il prend ma place en prenant sa place. Ce chargement sur la monture réclame beaucoup d'efforts : celui pour le hisser, tout d'abord, puis celui de la marche à ses côtés. Si chaque étape devait être chiffrée pour sa difficulté, on pourrait lui donner une note élevée. Comment pouvions-nous soupçonner au moment de l'émotion initiale la dose de courage réclamée par le care ?

Lui en haut et moi en bas, le déplacement commun commence, à très petits pas, au rythme du cavalier branlant sur la bête de somme, sans qu'il chute mais sans qu'il meure. Sans se presser et sans traîner. Avec une lenteur mesurée par le sang qu'il perd, avec les secousses pour torture du blessé et l'inquiétude comme douleur pour le soignant. Drôle d'avancée loin de la sérénité, pourtant résonnant d'une musique à deux temps, celle des deux souffles entrecroisés, celui du râle et celui de l'essoufflement. La route semble bien longue et l'angoisse habite les têtes mais, de cette musique discrète, naissent les premières mélopées de la joie. C'est que la solitude s'efface quand la rencontre s'opère.

La belle auberge

Mais tout a un terme : « Il le conduisit dans une auberge. »

Quand on monte aujourd'hui à Jérusalem, on visite toujours l'auberge du bon Samaritain. Si l'histoire ne cautionne pas ce lieu avec fermeté, il est néanmoins très probable qu'il existait une auberge, un caravansérail offert aux voyageurs surpris par la nuit au milieu du désert. On voit mal le Christ inventer ce genre de détail s'il ne rencontrait pas l'expérience commune. À Bethléem aussi, existait une auberge avec une salle commune dans laquelle Marie ne put s'installer pour mettre au monde Jésus. Cette salle ouverte à tous les regards et à toutes les conversations ne correspondait pas à la discrétion d'un accouchement. Or, ici, elle ne semble pas plus adaptée pour soigner un grand blessé à qui il faut du calme et du silence. C'est qu'il n'y a pas forcément grand choix. Le lieu parfait existe sûrement et surtout dans l'imagination des passants. Les autres font avec ce qu'ils trouvent.

Quelles que soient les conditions imposées, ces retrouvailles avec le monde actif et populeux s'inscrivent en étape fondamentale du care.

Au détour d'un virage, se présente donc l'auberge qui fait l'exact contrepoint avec la route. Elle offre le toit et la compagnie. Mais surtout, elle fait sortir de la communion interpersonnelle pour entrer dans l'espace publique. La relation d'intimité, première et indispensable, aboutit à un élargissement social. Avec l'hospitalité du lieu, le face-à-face cesse, la proximité idéale des corps s'achève, les deux personnages entrent ensemble dans la sphère publique, en continuité avec les actions précédentes. Et, du monde, il doit y en avoir plein l'hôtellerie. Là-bas sur la route était le silence, les gestes sans heurts, les mots doux du réconfort, réponses aux gémissements informes. Ici, dans l'auberge, sont le bruit, les chants et les rires, les promiscuités et les interactions. On se chamaille, on s'interpelle, la vraie vie des hommes se déploie avec ses codes, ses virilités et ses féminités, ses jalousies et ses grandeurs[1].

La remise en société

Le Christ aurait pu arrêter sa parabole au portage par la monture. Il aurait alors resserré le prendre-soin dans un cadre limité, en réalité trop étroit pour redonner à l'homme

1. On parle des hommes, l'être humain en action de care ne se distingue pas par le fait d'être féminin ou masculin. C'est une personne auprès d'une autre personne : les gestes du soin, ceux de l'écoute et de la finesse appartiennent à tous.

sa moitié de vie manquante. La remise au monde n'est pas une option de confort, pour l'un comme pour l'autre, c'est une clause d'assurance-vie. Élever sa famille dans une cave sans contact avec l'extérieur a rarement été le signe d'un véritable amour. Le huis clos dégage des belles opportunités à l'amour à condition de n'y pas rester. Le voyage de noces n'est pas toute la vie conjugale : par besoin humain essentiel, l'union de deux personnes se nourrit de rencontres, elle habite aussi le champ des hommes. Aucun amour parfait n'est tel s'il ne s'ouvre à la société avec ses liens fragiles mais aussi avec ses relations nourricières. Ce qui est vrai de toute relation authentique l'est encore plus pour le lien singulier que va créer le care. Intimiste à son départ, le chemin du care passe par l'entrée et la croissance en société.

On le sait, nul ne possède toutes les compétences techniques et cette première raison est invoquée, à juste titre, pour justifier cette remise en société, qu'elle soit entrée à hôpital, groupe de parole, association d'entraide. Mais les raisons d'expertise ne rendent pas complètement justice à ce moment de la remise au monde et, un peu plus tard à la phase de la transmission à d'autres. L'intégration dans un espace plus large que le face-à-face évite aussi les phénomènes d'attachement aliénant. En gommant cette part sociale, le care ne va pas plus loin ni plus haut ; en tronquant une dimension de celui que j'aime, je ne l'aime pas mieux, je le mets tôt ou tard en situation de dépendance effective et affective et, ce faisant, je nuis à sa liberté.

Une prise en charge publique, donc sous les yeux des autres, et élargie, grâce à d'autres personnes au grand cœur, clarifie et consolide la relation commencée du care.

Elle la clarifie pour la raison suivante : plus que d'autres types de relations, le care peut profiter – au mauvais sens du terme – d'une reconnaissance émise par le soigné. En elle-même, cette reconnaissance paraît légitime au prime abord.

Un sourire de gratitude se refuse rarement, on serait même gêné de le rejeter. Or, la réalité nous rattrape par la déviance presque automatique de cette gratitude asymétrique. Dès qu'on analyse de plus près cette reconnaissance du soigné, on y discerne la naissance rapide d'un attachement excessif. Sur ce thème, la femme géniale et écorchée vive que fut Simone Weil nous éclaire encore une fois: « La reconnaissance ne doit à aucun degré constituer un attachement car c'est là la reconnaissance des chiens. La reconnaissance est d'abord le fait de celui qui secourt, si le secours est pur. Elle n'est due par l'obligé qu'à titre de réciprocité[1]. »

Par cette subtile inversion proposée par la philosophe, la reconnaissance est due en premier par le porteur du care et seulement ensuite par son bénéficiaire. Au prix de ce retournement, le mouvement de la reconnaissance n'infecte pas la relation du care. Sans lui, le care aboutit à un attachement, pour le dire à la façon de Simone Weil, il crée une dépendance affective infantilisante, pour le dire autrement, bref il corrompt la relation en créant une dépendance au-delà du prendre-soin. Dans la séquence du dernier dialogue sera émise explicitement cette inversion purificatrice, quasi rédemptrice.

Or, il est un fait d'expérience: l'immersion dans un espace humain plus vaste que le face-à-face contrarie cette déviance en extrayant l'amour d'une focalisation aliénante. En s'élargissant, l'espace humain appelle le regard à se tourner vers d'autres personnes et, non seulement celles-ci alertent sur les pratiques malsaines (involontaires au départ), mais par leur action et leur présence, elles permettent l'ouverture du cœur en étoffant le champ relationnel, jusque-là totalement absorbé par une seule personne depuis le rapprochement initial. Là où je ne voyais qu'un

1. Simone Weil, *La pesanteur et la grâce*, *op. cit.*, pp. 128-129.

seul sauveur, je commence à sentir la présence bienfaisante d'autres soignants. Là où il était bon de n'en avoir qu'un, il devient nécessaire d'en avoir plusieurs. Que ce soit chez le Samaritain ou chez le blessé, l'absorption de toutes les forces de l'âme sur un unique sujet finit par dériver en relation ambiguë puis possessive, voire manipulatrice, l'altérité elle-même s'estompe au profit d'une confusion étouffante. Avec cette remise en société, si la relation est restée pure, elle étincelle ; mêlée de sentiments de domination et d'attachement impurs, elle se purifie ; volontairement possessive, elle disparaît. Manipulatrice, elle est condamnée.

Par ailleurs, cette entrée dans le champ social consolide le care en ce que cette reconnaissance, justement inversée, va atteindre toute la société à travers une gratitude non plus affective mais sociale. La société la fait sienne, elle l'adopte et la soutient. Davantage encore, elle en profite. Cette pénétration dans l'espace de la société, fut-elle réduite à l'hôpital, a un effet positif sur la société elle-même. Quand la société intègre le care dans ses intentions et ses réalisations, quand elle se donne les moyens concrets de le vivre, un pas de plus est fait vers l'édification d'une civilisation de l'amour. On peut alors trouver un sens moins économique et plus humain à la vie en société : elle existe pour diffracter la bienveillance sur des visages multiples et promouvoir les liens interpersonnels élaborés par l'amour qui prend soin.

La cure du care

Arrivé à l'auberge, « il prit soin de lui ».

Il prend soin. Le mot a été présenté auparavant avec sa meilleure traduction actuelle, le care. Un florilège de verbes français peut l'accompagner : veiller sur, s'inquiéter de, s'occuper de, soulager et, il faut aller jusque-là, aimer.

C'est la deuxième phase d'attentions concrètes après les premiers soins d'urgence en corps à corps, utiles pour soulager et stabiliser l'homme. Après les pansements, le Samaritain met en œuvre les vrais soins pour la guérison. Il n'est plus dans l'urgence mais dans la patience et certainement aussi dans la technique. À cette étape, on se concentre sur le prendre-soin, tout le prendre-soin mais pas plus que le prendre-soin. Car ici, un piège est subtilement tendu à l'homme de bonne volonté, celui d'en faire trop.

Le soin s'impose et il est bon mais, quelquefois, on lui joint autre chose, sans toujours en avoir conscience. Avec cet ajout commence le mal-être du blessé. Par exemple, il arrive qu'on ne puisse pas s'empêcher d'ajouter au soin les conseils, les recommandations, les mots de sagesse qui nous font du bien. Si le soin relève l'autre, l'explication l'accable et le conseil piétine l'homme à moitié mort. En se tenant strictement à la sagesse du seul soin, on évite de perdre beaucoup de salive et de faire porter un poids supplémentaire à la victime, un poids de culpabilité notamment. L'homme atteint dans sa vie, dans l'élan de sa vitalité, n'est pas en mesure de recevoir positivement des conseils, des sollicitations ou des interprétations. Le conditionnel l'éprouve : « tu devrais », « tu pourrais », etc. L'impératif l'achève : « Lève-toi ! » ; « Oublie ! » etc. Et, le sommet du pire : « Pardonne ! » Les raisonnements ne sont pas moins insidieux lorsqu'ils tentent d'expliquer le pourquoi de la souffrance ou du crime.

Dans le livre de Job, la Bible fournit un exemple remarquable de cette attitude innocemment vénéneuse. On relira avec fruit cette réflexion sur la souffrance. Ruiné, malade et esseulé sur son tas de fumier, Job voit surgir autour de lui ses amis. Tout va bien tant qu'ils se taisent :

> Trois amis de Job apprirent tout ce malheur qui lui était advenu. Ils arrivèrent chacun de son pays, Élifaz de Témane,

> Bildad de Shouah et Sofar de Naama, et ils se concertèrent pour venir le plaindre et le consoler. De loin, levant les yeux sur lui, ils ne le reconnurent pas. Alors, ils éclatèrent en sanglots. Ils déchirèrent chacun son manteau et projetèrent de la poussière sur leur tête. Sept jours et sept nuits, ils restèrent assis par terre auprès de lui et, à la vue d'une si grande douleur, personne ne lui disait mot (Jb 2, 11-13).

Mais leur langue les démange et chacun y va de son interprétation et de ses conseils. Ainsi Elifaz de Témane s'essaie le premier :

> Allons-nous t'adresser une parole ? Tu n'en peux plus ! Mais qui pourrait garder le silence ? Tu faisais la leçon à beaucoup, tu soutenais les mains défaillantes ; tes propos redressaient celui qui perdait pied, tu fortifiais les genoux chancelants. Et maintenant que cela t'arrive, tu te décourages ; te voici atteint, et tu es bouleversé. Ta piété n'est-elle pas ton appui, ta vie intègre n'est-elle pas ton espérance ? (Jb 4, 1-6).

Et sans fin vont s'étaler les propos verbeux, culpabilisants, plein d'un rationalisme creux, d'une sagesse bas de gamme. Jusqu'au moment où Job n'en peut plus et s'écrie à plusieurs reprises :

> Vraiment, c'est vous qui êtes la voix du peuple, et avec vous mourra la sagesse ! Moi aussi, comme vous, je sais réfléchir, je ne vous suis nullement inférieur. Et qui ne disposerait d'arguments semblables ? (Jb 12, 1-3).
>
> Que de fois ai-je entendu de tels propos ! Vous êtes tous de piètres consolateurs ! À ces paroles de vent, y aura-t-il une fin ? Et qu'est-ce qui t'incite, toi, à répliquer ? Moi aussi, je parlerais comme vous, si vous étiez à ma place ; je vous accablerais de discours et je hocherais la tête à votre sujet (Jb 16, 2-3).
>
> Allez-vous longtemps encore affliger mon âme et m'écraser avec des mots ? Voilà dix fois que vous m'outragez, que sans

> vergogne vous me rudoyez. S'il est vrai que j'ai fait un faux pas, mon faux pas ne regarde que moi (Jb 19, 2-4).

La réflexion de Job calme nos ardeurs à en rajouter au prendre-soin lui-même. Elle est une invitation à ne pas en faire trop, surtout par les mots.

Bien entendu, sans se perdre lui-même, le silence de la consolation recueille volontiers la parole du soin. Par exemple, les paroles d'admiration et d'espoirs fortifient la volonté de s'en sortir dès qu'elle pointe son nez. Ils participent du soin de l'âme. L'écoute aussi prend soin de l'esprit et de l'âme. Un mot d'humour, une parole joyeuse ont beaucoup d'effet positif. La gaieté participe du soin : le rire n'offense pas le grand malade, au contraire, il l'apaise car il le décentre. Ces vrais mots du prendre-soin n'expliquent rien mais ils entraînent à la vie.

Ni l'aubergiste ni le Samaritain ne sont présentés comme des spécialistes des soins techniques. Et néanmoins, ils prennent soin avec toutes ses dimensions, pas plus mais pas moins. La parabole incite à se lancer sans peur, sans la crainte des reproches d'avoir échoué ni des applaudissements d'avoir réussi. Mais, encore une fois, l'homme ne doit emprunter cette voie qu'à la condition, énoncée plus haut et à plusieurs reprises, de se poser souvent la question ouvrant au discernement : qu'y a-t-il dans mon propre cœur ?

Le développement temporel du care

La nuit a passé, le temps du sommeil a couru sa course. « Le lendemain, il sortit deux pièces d'argent, et les donna à l'aubergiste, en lui disant : "Prends soin de lui ; tout ce que tu auras dépensé en plus, je te le rendrai quand je repasserai." »

Le lendemain. Combien est riche de sens ce mot minuscule, souvent pris pour une articulation du récit sans intérêt. Avec lui revient pourtant la question essentielle du temps. Le temps du repos, de la réflexion, du conseil mais aussi le temps de la durée[1].

Car le care dure autant que l'homme vivant. S'il est soin seulement technique, il s'arrête avec la fin de la posologie. S'il est un care complet, il intègre la durée, car la vie ne se reconstitue pas en un clin d'œil et, à supposer que la blessure guérisse rapidement, la vie découpée par l'attentat exige un care illimité dans son intention.

Il y a un temps pour tout : un temps pour être avec et un temps pour le confier à d'autres. D'autres responsabilités s'imposent à ce voyageur au grand cœur, on le comprend car la plupart d'entre nous, nous ne pouvons dédier tout le temps de notre durée à une seule personne. Quand on croit devoir ou pouvoir le faire, les conséquences négatives débarquent rapidement dans nos vies : dans la fratrie, ce seront des injustices envers d'autres enfants, délaissés au profit d'un seul ; dans une vie professionnelle, ce seront des négligences, des retards et des manquements aux règles, la perte d'un travail nécessaire pour vivre ou faire vivre ; dans la vie sociale, ce seront des exclusions, des isolements, des découragements d'amis, lassés de n'être jamais rappelés, etc.

1. Cette expression peut surprendre, elle a un sens autre et plus profond que celui de la « durée du temps », laquelle n'exprime qu'une idée courante, la marche du temps, quand celle du « temps de la durée » révèle que l'homme est exposé à une longueur contraignante autant que bienfaisante. Le temps parcourt la durée humaine avec plus ou moins d'aisance selon l'humeur ou la joie. Comme l'homme prend le temps du repos après l'action et celui de la réflexion avant l'action, il prend le temps de la durée pendant l'action. L'action dure, il le sait, lui-même dure dans l'action dans la conscience de tenir un bloc à bout de bras. Ce « temps de la durée » éprouve, il fatigue par avance surtout en face de l'incertitude de sa longueur : à quand la fin des soins, etc. ?

La générosité qui ne réfléchit pas dans la durée se retourne contre son auteur et contre son bénéficiaire. Au sens figuré comme au sens littéral, la générosité sans lendemain cache souvent beaucoup d'erreurs. Exclusif des autres dans l'urgence, suprêmement concentré dans l'aujourd'hui imprévu, le care appelle une générosité avec un lendemain, une déconcentration de l'action sans perte de l'intensité aimante.

La générosité sans lendemain n'est pas d'abord celle qui s'évapore, volatile et légère, passagère de l'oubli. C'est plutôt la générosité limitée au moment, quand même ce moment serait répété à l'infini jusqu'à la mort du soigné ou du soignant, c'est la générosité jamais pensée dans la durée, établie tous les jours comme le premier jour, sous le joug d'une urgence qui n'existe plus. On s'aimera tous les jours comme au premier jour, s'exclament les amoureux. Bien que noble, leur désir ne correspond pas à une existence humaine évolutive par essence. La part de répétition dans la croissance humaine ne peut négliger celle du changement. La vraie fidélité est à ce prix. L'homme qui a répété mille et une fois sa leçon n'est pas le même que celui qui l'a répété mille fois. Cet aphorisme juif conjugue heureusement la répétition et la croissance. Le soignant évolue, le soigné évolue, le monde évolue (les médicaments par exemple). Tous grandissent, la relation mûrit au rythme des deux hommes, le temps ne travaille pas contre eux ou contre leur relation à condition de les avoir intégrés dans un parcours, un chemin s'enfonçant dans l'horizon brumeux. Le care sait qu'aujourd'hui la situation de la victime réclame ce soin précis qu'il met en œuvre, demain, dans dix ans, s'il veut poursuivre sa route, il adaptera sa présence et ses actes. Le care accompagne une croissance, il ne cherche pas la répétition commode de protocoles maîtrisés.

Le lendemain, le Samaritain met en place une nouvelle modalité durable de soins. Dans son déroulement complet, le care pense l'élargissement social mais aussi le développement temporel. Certains culpabilisent de cette prise de distance, elle se présente à leur conscience comme du laisser-aller, une sorte d'abandon déguisé : « Ma mère, ma femme, mon fils bien aimé méritent que je leur consacre toute ma vie. Ainsi, je n'aurai rien à me reprocher. Ainsi, personne n'aura rien à me reprocher. Ainsi, je serai allé jusqu'au bout de l'amour. » Au bout de l'amour, peut-être, au limite du care, certainement. La parabole montre l'exemple d'un homme ayant laissé passer la nuit de la réflexion, ces heures nécessaires pour intégrer le temps de la durée dans son care et s'organiser autrement afin de ne pas mettre un terme au care avec son départ.

Sur ce point, l'exemple de parents prenant soin de leur enfant handicapé est très révélateur : leur inquiétude porte sur l'avenir, que va-t-il devenir quand nous serons morts ? Ce n'est pas le manque d'amour mais au contraire un véritable amour qui les pousse à trouver une solution élargie pour être durable. Non le manque d'amour mais le plein amour nous presse à cette dilatation, pour le bien du soigné, pour le bien du soignant, pour l'authenticité du care, pour sa pérennisation, pour sa fécondité. En effet, la répétition dépourvue d'objectifs de croissance pour le malade n'est rien d'autre qu'une façon, non revendiquée, d'accentuer la pression de la mort en oubliant d'offrir à ce bout de vie encore ardent la chance de mûrir par l'espérance.

Les deux deniers pour l'hôtelier

Pour intégrer sérieusement la durée dans le « prendre-soin », le Samaritain met en place un dispositif social et costaud, indépendant de sa présence personnelle, mais un dispositif à sa charge financière : « Il sortit deux pièces d'argent, et les donna à l'aubergiste. »

Cette nouvelle organisation, car c'en est une, vient en second lieu et elle n'exclue jamais l'énergie personnelle mise dans le care. Après l'exercice de la force physique, cette énergie personnelle se donne maintenant en ressource financière. Avec brutalité, Jésus mêle dorénavant la question de l'argent à celle de l'amour. Nos amours romantiques vomissent un tel mélange. Là où il y a de l'argent, il n'y a pas d'amour, en tout cas pas d'amour fort dont tous les rêveurs savent qu'il épouse l'eau fraîche. Cet amour romantique, infantile et indolore va rejeter le prendre-soin tel que le Christ le propose.

On peut bien, dans un deuxième moment, interpréter spirituellement ces deux deniers, leur sens premier reste celui de l'argent. La question du financement se pose toujours car le care coûte : du temps (infiniment précieux), de l'huile et du vin, le fourrage pour la monture, les prix des médicaments ou des services, la pension à l'auberge. Qui va payer ? En France, à l'arrivée dans un hôpital, on demande d'abord la carte vitale. Dans d'autres pays, on réclame la carte bleue. Mais, au fond, le même réalisme est à l'œuvre car quelqu'un doit payer, la personne malade, la famille ou l'État à travers nos Caisses sociales. Sous la carte vitale, nos cotisations abondent la solidarité nationale.

Cette parabole indique une modalité pratique et concrète de l'amour du prochain, l'argent en fait partie et l'ignorer ne serait qu'une forme d'indifférence. Car le care coûte à quelqu'un. Il va peser sérieusement sur nos finances, soit comme une dette, soit comme une aumône : là, les pièces sonnent dans le panier de la quête, ici, elles tombent dans la main de l'aubergiste. Le bon Samaritain prend soin jusqu'à l'argent, il ne se trouble pas que le care passe par la finance.

« Pas de question d'argent entre nous ! », affirment de façon péremptoire des amis à leurs amis. Le Christ réplique au contraire que, s'il est parfois une puissance de division, l'argent fait aussi les amis selon une autre parabole, un peu déconcertante tant la leçon finale relève du paradoxe. Le Christ y présente un gérant malhonnête qui craint le retour de son maître et anticipe astucieusement en diminuant les dettes dues à son patron pour se rendre agréable aux débiteurs :

> Le maître fit l'éloge de ce gérant malhonnête car il avait agi avec habileté ; en effet, les fils de ce monde sont plus habiles entre eux que les fils de la lumière. Eh bien moi, je vous le dis : Faites-vous des amis avec l'argent malhonnête, afin que, le jour où il ne sera plus là, ces amis vous accueillent dans les demeures éternelles (Lc 16, 8-9).

Aimer jusqu'à l'argent. Car, en droit comme en fait, l'argent ne pollue pas le care, il lui donne une sécurité.

Le Samaritain donne ces deux deniers à l'aubergiste en salaire de son travail. L'aubergiste est donc payé pour prolonger le soin, il devient un salarié du care. Le bénévolat du Samaritain sollicite maintenant le soin payant. Cette professionnalisation du care ne va-t-elle pas rompre la beauté de la générosité initiale ? Il arrive qu'une opposition se dresse, en effet, de toute sa dignité outragée : gratuit au départ, désintéressé en son développement, le care va-t-il être payé à son achèvement ?

L'indignation ne coûte pas grand-chose à son auteur. Elle ne doit pas nous impressionner au point de reculer et de poursuivre dans l'amateurisme au motif que l'argent détournerait la tendresse et les émotions. Le salaire peut parfois gâcher la fête de la tendresse, tout comme le bénévolat peut conduire à une irresponsabilité sociale : « Puisque je ne demande rien, je ne dois rien. Je pars quand je veux. » Tous les responsables d'associations mesurent la grâce de la gratuité mais aussi la valeur du salaire. Les déviances possibles – et malheureusement probables – sont des exceptions qui confirment la règle. Dans la durée et de façon responsable, il est rare que n'interviennent pas des professionnels de santé pour la poursuite d'un care revitalisant.

Le cycle de l'action passe par cette confiance éclairée et payante. Le scandale n'est pas d'être salarié mais de ne mettre que de la technique quand on approche un être humain. Les robots soignants, vrais partenaires de personnes âgées au Japon, par exemple, peuvent bien parler gentiment, ils ne peuvent ni s'émouvoir ni aimer. Leur attention est feinte ou plutôt numérique. Le care ne peut être l'affaire des machines et des robots même gavés d'intelligence artificielle. Il est porté par des personnes, bénévoles ou salariées, mais toutes gracieuses dans le prendre-soin.

Le passage de consigne

Ce cycle de l'action s'achève par un passage de consigne et par la promesse du retour.

La consigne reprend la formule du prendre-soin : ce qu'il a fait à l'auberge, sous les yeux de l'aubergiste, celui-ci doit le faire à son tour. S'il ne s'agissait que de soins techniques, le passage de consigne ne poserait pas de problèmes particuliers, le successeur prolonge le protocole thérapeutique inscrit sur un cahier. Mais tout se complique quand il passe la main pour la même œuvre du care, du prendre-soin, avec son cortège de sentiments et d'affections intérieures. Peut-on transmettre l'émotion initiatrice du care ? Ce tremblement des entrailles, comment le passer d'un cœur à un autre ? L'exemple suffit-il pour transférer ma vibration intime à un inconnu, dont le seul mérite est de tenir une auberge située par hasard sur ma route ?

Sans précision dans le texte, cette question reste ouverte à l'expérience, à notre expérience. Si nous ne la prenons pas au sérieux, le care tombe d'un cran, le portage humain affectueux se dégrade, le *process* technique remplace le prendre-soin aux dépens de la guérison elle-même. Désormais c'est un acquis : ce que le care ajoute aux gestes techniques participe pleinement au chemin de vie car il répond à un besoin fondamental de l'homme, en tirant la force de l'espérance de son cœur mutilé. Ce que le care ajoute aux gestes experts, ce n'est pas un surcroît de compétences mais un appel à d'autres ressources humaines, psychiques et spirituelles. Quand ce supplément de cœur fait défaut, le soigné ne participe plus – en tout cas beaucoup moins – à son propre réveil à la vie puisque sa moitié vivante reste ignorée par celui qui se consacre à soigner la moitié morte. Au contraire, le parcours du care met en lumière un intérêt essentiellement tourné vers ce qu'il reste de vie, de vivant, de vitalité chez l'homme attaqué, et il met en œuvre cette passion pour la vie par la qualité d'une relation enracinée dans l'émotion.

Dans cette transmission de l'affection au moment où je passe le relais des soins, l'art du care connaît un sommet. Il semble que seuls les témoins peuvent décrire avec finesse ce transfert du cœur impliqué dans le passage de consignes. Dans la formidable représentation de la scène par le manuscrit de l'*Hortus deliciarum*, le courant passe du Samaritain à l'hôtelier à travers le corps du blessé, devenu conducteur radieux, au sens du cuivre conducteur de l'électricité, devenu canal de l'émotion initiale. Le Samaritain le tient encore par le bras gauche tandis que l'aubergiste l'a déjà attrapé par le bras droit, l'un et l'autre échangent un regard intense, au-dessus des deux pièces d'argent.

Accroupi par terre, le blessé se laisse faire mais il sourit à pleine bouche, deux rides de joie marquent son visage et ses yeux sont plissés d'espérance. Un flux mystérieux passe de l'un à l'autre, du Samaritain à l'aubergiste, du passeur de vie au gardien des soins.

Cette communication du cœur par le corps de l'autre relève du mystère. Elle restera une énigme pour ceux qui enferment l'homme dans l'image de l'individu. En revanche, elle conforte l'approche de l'homme comme personne, un être de relations, diffusant l'invisible à travers le visible.

La promesse du retour

Cette façon de se décharger sur un autre pourrait être le signe d'une déresponsabilisation : « J'ai fait ma part et maintenant je passe la main, je m'en vais, loin des yeux, loin du cœur. » C'est là qu'intervient la promesse du retour pour contredire une telle interprétation. Par cette transmission à l'aubergiste, le Samaritain n'agit pas par lassitude mais par véritable care, raison pour laquelle il assure de pourvoir à la dépense à l'occasion d'un nouveau passage.

Le Samaritain achève le cycle du care par une promesse. « Des promesses, toujours des promesses », entend-on souvent. Mais ce défaitisme méconnaît que la promesse suffit, à condition qu'elle ne soit pas dictée par le mensonge. Qui connaît le futur ? Qui peut être assez prétentieux pour prétendre à un avenir qui n'est pas entièrement à sa main ? La parabole ne va pas jusqu'à confirmer le retour du Samaritain. Au fond, peu importe si les circonstances de sa vie le lui ont permis. L'intention forte suffit. Ici, comme vis-à-vis de tout engagement temporel, tout ne dépend pas de nous. Peut-être sur cette même route, le Samaritain se fera-t-il attaquer à son tour? Peut-être tombera-t-il malade? Peut-être mourra-t-il avant l'inconnu dont il a pris soin?

Peu importe qu'il soit revenu ou disparu à jamais dans les brumes de lendemains incertains. La promesse de le garder en sa responsabilité vaut fidélité absolue. En assurant l'aubergiste de sa prise en charge actuelle, avec les deux deniers, et future, avec sa promesse, il manifeste à tous qu'il en répond: être responsable de lui, c'est répondre pour lui et donc vouloir s'engager dans un destin commun dont le terme n'est jamais mesuré par l'homme ignorant de l'avenir.

Le cycle de l'action s'achève sur cette promesse d'un destin commun. À l'heure où la notion de bien commun est tombée dans les oubliettes de l'histoire, il nous revient de fonder nos relations sur une autre réalité qui nous soit commune, sur un «quelque chose» qui ne soit pas hérité du passé, comme un bien venu d'une succession partagée, mais un bien hérité de l'avenir. Avant leur rencontre, rien ne reliait l'homme attaqué à l'homme bouleversé. Aucun passé commun, aucune entreprise commune. Au hasard d'un chemin rocailleux, le présent les a rapprochés et le care leur a forgé un destin commun.

Cette communauté de destin ne se surajoute à rien de ce qui occupait jusque-là l'esprit des deux hommes. Elle n'est ni addition des projets personnels ni division des rêves individuels. Elle n'est rien de ce qui la précédait, puisqu'elle jaillit du présent, juste à l'instant où les peines s'échangent, où tout se trouve suspendu à un nouveau matin du monde.

8

Le dernier échange

S'OUVRE le troisième temps de cette rencontre entre le Christ et le docteur. Le conte achevé, Jésus vérifie son effet sur son interlocuteur, dans un bref dialogue vibrant, extrêmement dense, dont on ignore les silences méditatifs assurément nécessaires à une réponse réfléchie. Dans l'esprit du docteur, la pointe de provocation a disparu pour laisser place à une mystérieuse symbiose intérieure, celle de l'Écriture et de son affectivité. Pétri par les Écritures, passé au four de la parabole, son cœur a cuit, il se répand maintenant par les lèvres, en cœur tout chaud et odorant, un bon pain tiré du fournil : « [Jésus reprit :] "Lequel des trois, à ton avis, a été le prochain de l'homme tombé aux mains des bandits ?" Le docteur de la Loi répondit : "Celui qui a fait preuve de pitié envers lui." Jésus lui dit : "Va, et toi aussi, fais de même." »

Dans ce dernier moment, le Christ souhaite donc vérifier la réception de sa parabole par son interlocuteur. Une parabole, en effet, n'est pas narrée pour être comprise mais pour opérer une mutation, pour actionner des ressorts intimes chez celui qui l'écoute, de sorte qu'il change de vie, tiré vers le haut par un nouvel état d'esprit. Dans ce cas, la parabole a « fonctionné » à plein régime sur le docteur. Raison pour laquelle, malgré l'altitude de l'enseignement déjà proposé, le meilleur reste pour la fin et le lecteur n'est pas au bout de ses surprises. Il se préparait à une conclusion linéaire, à une synthèse évidemment dégagée de la parabole. Il assiste à un renversement du tout au tout : le prochain n'est pas celui qu'il attendait.

Le subtil retournement de la question

Le mot « échange » utilisé pour le titre du chapitre porte deux sens. Il se comprend comme dialogue puisqu'il s'agit du dernier échange verbal entre Jésus et le docteur. Mais, en jouant sur le mot, il sert aussi à nous rendre attentif au contenu du dialogue final, la permutation de prochain. Cet échange subtil, assez souvent inaperçu, donne la clé de l'ensemble : il déplace l'enseignement sur le prendre-soin d'une simple invitation à l'humanitaire – action remarquable – jusqu'à l'accouchement d'un amour réciproque.

Nous avions déjà pressenti une inversion de la reconnaissance en rappelant l'enseignement de Simone Weil sur les précautions à prendre pour que la reconnaissance ne tourne pas à l'attachement servile. Il s'agit dorénavant de retourner toute la relation établie au cours du care.

Dans les commentaires de la parabole, on n'insiste jamais assez sur cette deuxième question posée par Jésus au docteur : « Lequel des trois a été le prochain de l'homme ? » Or, le Christ procède ici à une demande illogique et inattendue de l'auditeur comme du lecteur. La « bonne » question aurait dû être : « Qui de ces trois hommes a aimé ce prochain ? » Ou bien : « Qui a vu et soigné cet homme en tant que prochain ? » Ou encore : « Qui a fait de cet homme inconnu son prochain à aimer ? » Bref, l'interprétation « normale » de la parabole conduit irrésistiblement à voir le prochain dans l'homme blessé, laissé à demi-mort.

Et, ce fait étant établi, il resterait au docteur à discerner – mais ce n'est pas très difficile – lequel des trois a aimé ce prochain gisant sur la route. En vérité, Jésus détourne la demande par une permutation à laquelle le docteur se fait prendre bien volontiers : « Lequel de ces trois hommes a été le prochain ? »

Le prochain « normal »

En déroutant la question initiale, Jésus propose un changement de modèle humain. Il transforme le commandement de l'amour du prochain tel qu'il était présenté dans la Loi. Pour le docteur, ce peut être un grave problème, on ne joue pas impunément avec les Écritures saintes. Que disent-elles ?

Il faut revenir à l'enseignement du livre du Lévitique pour trouver le commandement : « Tu aimeras ton prochain comme toi-même » (Lv 19, 18). L'écrit vétérotestamentaire ne laisse aucun doute sur qui est le prochain et comment je dois me comporter avec lui. Ce passage (Lv 19, 9-18) mérite d'être cité en grande partie pour retrouver cette sensibilité au pauvre assimilé au prochain, deux mots pratiquement tenus pour équivalents :

> Lorsque vous moissonnerez vos terres, tu ne moissonneras pas jusqu'à la lisière du champ. Tu ne ramasseras pas les glanures de ta moisson, tu ne grappilleras pas dans ta vigne, tu ne ramasseras pas les fruits tombés dans ta vigne : tu les laisseras au pauvre et à l'immigré. Je suis le Seigneur votre Dieu. Vous ne volerez pas, vous ne mentirez pas, vous ne tromperez aucun de vos compatriotes. Vous ne ferez pas de faux serments par mon nom : tu profanerais le nom de ton Dieu. Je suis le Seigneur. Tu n'exploiteras pas ton prochain, tu ne le dépouilleras pas : tu ne retiendras pas jusqu'au matin

> la paye du salarié. Tu ne maudiras pas un sourd, tu ne mettras pas d'obstacle devant un aveugle : tu craindras ton Dieu. Je suis le Seigneur. Quand vous siégerez au tribunal, vous ne commettrez pas d'injustice ; tu n'avantageras pas le faible, tu ne favoriseras pas le puissant : tu jugeras ton compatriote avec justice. Tu ne répandras pas de calomnies contre quelqu'un de ton peuple, tu ne réclameras pas la mort de ton prochain. Je suis le Seigneur. Tu ne haïras pas ton frère dans ton cœur. Mais tu devras réprimander ton compatriote, et tu ne toléreras pas la faute qui est en lui. Tu ne te vengeras pas. Tu ne garderas pas de rancune contre les fils de ton peuple. Tu aimeras ton prochain comme toi-même. Je suis le Seigneur.

Le commandement de l'amour du prochain comme soi-même clôt la liste de prescriptions où le prochain apparaît clairement identifié sous le visage du pauvre, de l'immigré, du compatriote, du journalier, de l'homme devant les juges, du sourd, du faible, du frère, de l'homme calomnié ou de celui dont on veut se venger. Le Lévitique déroule tout une gamme de personnes jugées plus faibles, plus fragiles, plus dépendantes. Les formes de pauvretés qu'il énonce couvrent un immense espace social. Au minimum, elles feront l'objet d'une justice sans haine, au mieux, elles attireront l'attention d'un amour mesuré par la façon dont nous nous aimons nous-mêmes. On trouve dans la Loi un bel équilibre de générosité et de justice avec, à l'esprit, de ne jamais succomber à l'exploitation aisée du faible par le fort.

Tout ceci est acquis tant par le scribe que par le Christ. L'interpellation du premier, sur l'identité du prochain, s'interprète dans la lignée de l'Ancien Testament. Mais l'ultime question du second, le Christ, renverse la problématique : ne cherche pas ton prochain parmi les pauvres, ne t'efforce pas de faire du pauvre que tu croises un prochain à aimer grâce à un puissant effort spirituel. Mais cherche à te présenter à celui que tu n'as pas choisi de sorte qu'il puisse te reconnaître en tant que prochain. Et la condition pour devenir le prochain de l'inconnu tient à l'application du prendre-soin sur sa personne.

Comment redire tout cela ? Il ne s'agit plus seulement d'identifier un homme parmi les autres qui serait l'objet de mon affection mais de mettre le doigt dans l'engrenage de l'amour tel qu'il se vit en tant qu'« amour du prochain ». La question du Christ ouvre sur une découverte essentielle dont, une fois de plus, Madeleine Delbrêl se fait le chantre :

> La charité pour autrui est fraternelle et elle ne peut être que fraternelle. Nous sommes avec tout homme vivant, frère de création et de rédemption. C'est un fait. Le vivre en est un autre. Cette fraternité prime sur tous les autres liens humains. Quoi que nous soyons les uns pour les autres par les relations de la chair et du sang, de l'affection et de l'amitié, de la société et de la proximité, nous resterons toujours des frères d'origine et de salut. C'est un fait : il faut le vivre. Quand nous pratiquons une charité qui se veut le droit d'être maternelle, éducative, rectificative, nous dérapons du sol ferme de la réalité : nous ne sommes plus frères[1].

À sa naissance, cet amour-care évoquait la pitié, dans sa forme un peu dominante, avec ces entrailles frémissantes devant la misère et l'aide apportée en sens unique. D'une certaine façon, le prendre-soin se positionnait en tendresse maternelle. Par la suite, il nous conduit à entrer dans une dimension fraternelle, amicale par endroits mais toujours à double sens. À son terme, seule la fraternité demeure. Ça tombe bien : elle seule relève définitivement l'homme meurtri.

---

1. Madeleine Delbrêl, *Œuvres complètes*, tome VIII, Nouvelle Cité, Bruyères-le-Châtel, 2010, p. 150.

La réciprocité dans le care

L'enjeu du dialogue conclusif tient à cette interversion des prochains. Pourquoi ce renversement ? Sur quoi est-il enraciné ? Que veut-il nous dire ? Ne formerait-il pas le renversement ultime, le dernier échange au sein du prendre-soin, l'apothéose du care en tant que réciprocité ? Des questions nouvelles arrivent aussi en marée, plus raisonnables qu'il n'y paraissait avant d'avoir pris conscience de cette inversion : Peut-on aimer son prochain sans devenir le prochain de ce prochain ? Proche de l'autre, l'autre devient proche de moi, puis-je être ce proche prochain sans qu'il le soit pour moi ? Le calcul physique montre que la distance de l'un à l'autre est identique à la distance de l'autre à l'un : en retournant son double mètre, la longueur du mur ne change pas. Il existerait donc une symétrie de l'amour comme il y a une isotropie de l'espace.

Au premier dialogue, le souci de l'expert ne portait pas sur la façon d'aimer son prochain mais sur celui que je dois aimer comme un prochain. La réponse tombe à la fin : le prochain est celui qui a pratiqué le rapprochement et le soin. Il ne peut être mon prochain si je ne suis pas d'abord le sien. Cette dernière formule un peu alambiquée appelle un bref commentaire. Nous ne sommes plus très loin de l'énigme existentielle – rarement reconnue comme telle parce que nous y sommes habitués – proposée par le commandement de l'amour du prochain comme soi-même. Au fond, le prochain du prochain, c'est moi. Nous pourrions dire : le voisin de mon voisin, c'est moi. Sauf que, ici, la proximité d'amour a remplacé la promiscuité géographique.

La question de la réciprocité dans le care se plante devant nous, toute droite, presque arrogante. Là où l'aide technique ne crée pas cette égalité, le care l'induit, l'implique, l'instaure, au point qu'il n'est pleinement lui-même que soumis à la construction et la conscience d'une réciprocité constatée. Le care crée une relation réciproque ou appelée à le devenir : je ne peux pas ne pas être reconnu comme étant son prochain par celui dont je prends soin avec mes tripes et mes mains. Grâce au chemin du care, celui dont je me suis rapproché au plus près, à le toucher par le cœur et par les mains, devient celui qui me reconnaît comme son prochain. Il doit donc m'aimer comme étant son prochain. Mon amour incarné dans le care me revient en boomerang ayant traversé et soulevé le cœur de l'autre.

Étonnante pour ceux qui n'ont pas vécu cette marche du care, cette réponse théorique rejoint en réalité d'innombrables témoignages. Quand je prends soin d'une personne handicapée, je prends vite conscience qu'elle m'apporte autant que je lui apporte, que ma reconnaissance précède la sienne, que le bout de vie qui lui reste transmet une énergie fabuleuse à mon existence.

Un soin sans réciprocité est une aide, utile mais risquée, nous l'avons vu, car l'aide maintient une relation verticale, et l'ascendant pris par le soignant se détourne presque automatiquement en pouvoir. Simone Weil l'expliquait par la tentation du soignant à dominer mais aussi par la tendance du soigné à se mettre en dépendance.

Le care bien accompli, même s'il n'est jamais achevé, crée cette réciprocité vivifiante. Il révèle à ceux qui l'ignorent encore que l'amour ne naît pas dans un seul cœur mais dans deux cœurs, sinon en même temps au moins en un même destin partagé. L'un et l'autre n'avancent pas forcément du même pas, d'autant que les initiatives du care débutent souvent sans symétrie. Le coup de foudre simultané et instantané est exceptionnel. Dans le cas d'un homme qui porte secours à un autre homme inconscient, il est même carrément impossible. L'entraide débute rarement du même pied. Mais, si le Samaritain commence le chemin du care, il doit s'attendre, il doit attendre que naissent dans le cœur de celui dont il prend soin ces sentiments d'amour dont leurs deux vies seront irriguées, à l'unisson, tôt ou tard. Tout cela est un constat et non une justification.

Gagnant-gagnant

La tradition chrétienne a bien cerné cet effet de l'aimé sur l'amant. Il s'inscrit dans la loi générale de l'amour si nous le regardons dans son intentionnalité, ainsi que nous l'avons fait grâce à saint Augustin qui nous affirmait que l'amour lui-même est déterminé par ce qu'il vise. S'il va à l'égout, c'est un amour de cupidité, s'il va à Dieu, c'est un amour de charité. Mais Augustin fait faire un pas de plus lorsqu'il remarque que l'homme qui aime est lui-même déterminé par ce qu'il aime : « Tel on aime, tel on est. Tu aimes la terre ? Tu seras terre. Tu aimes Dieu ? Seras-tu Dieu ? Écoutons les Écritures : "J'ai dit vous êtes des dieux."[1] »

On pourrait compléter en positif : tu aimes le prochain, tu seras prochain. Et, ajouter en négatif, au risque d'être mal compris : tu n'aimes personne, tu ne seras personne. Cette observation place le care à son juste niveau. On pense très vite qu'aimant l'autre, en en prenant soin, on le modifie. La chose est incontestable si l'on s'arrête à l'aide fournie par la bienveillance. Mais l'amour va plus loin : le care qu'il porte et qu'il incarne provoque chez son auteur une vraie mutation. Le Samaritain se trouve profondément transformé par le soin apporté au blessé.

1. AUGUSTIN, *Commentaire de la Première épître de saint Jean*, II, 14.

C'est « gagnant-gagnant » : le Samaritain n'attendait rien du blessé et son soin lui a coûté, il serait vain de soutenir le contraire : du temps, des forces, de la disponibilité intérieure, de l'argent, une immense fatigue. Pour le dire en un mot, sa vie se trouve « encombrée » par l'autre. Il poursuivra sa route probablement épuisé, en tout cas marqué durablement et, néanmoins, l'expérience et l'étude montrent qu'il en sort grandi grâce à la noblesse de son action, élargi grâce à une âme décentrée, enrichi grâce l'amour qu'il reçoit à son tour.

Se pourrait-il que le porteur du care, à mesure qu'il le met en œuvre, prenne soin de lui-même en prenant soin de l'autre ? L'effet du care sur celui qui le pratique n'a pas fini de nous étonner. De l'extérieur, on voit la peine, on encourage à laisser l'homme handicapé, on assure d'en avoir assez fait, on rassure sur l'opportunité de prendre de la distance après le prendre-soin, etc. Mais de l'intérieur, quand on le vit, une fidélité joyeuse s'installe naturellement au bénéfice des deux.

Bien entendu, ces quelques remarques ne viennent pas à bout d'un sujet abyssal. Ce n'est ni leur intention ni leur possibilité. Cependant, à travers cette inversion subtile provoquée par le Christ, à partir de cet « échange » presque anodin, il y aurait matière à penser à neuf la relation entre deux êtres humains. La vision actuelle d'un homme en forme de sphère, émettrice ou réceptrice de l'action, seulement sensible au phénomène de la communication, semble difficilement compatible avec ce qui est observé dans cette rencontre. Ce paradigme humain doit changer au profit d'un homme en capacité d'interférence totale avec un autre homme, et cette interférence, grâce à laquelle deux personnes entrent en communion, modifie chacune des personnes. Cette personne « modifiée » par l'interférence, la Bible la nomme « prochain ». Ce mot biblique revêt donc un intérêt anthropologique majeur même si les Écritures n'en font qu'une présentation pratique, seule requise pour le développement de tout homme et de tous les hommes. La réponse que va faire le docteur corrobore cette interprétation, car il nomme cette interférence miséricorde, « *éléos* ». Mais revenons à la question du Christ.

« À ton avis »

Que la parabole ait opéré son œuvre de transformation dans le cœur du docteur réclame donc une vérification par Jésus : « Lequel des trois, à ton avis. » Jésus ne cherche plus une réponse scripturaire et experte, mais un jugement personnel. À ton avis, à ce qu'il t'en semble, à ce qu'il apparaît pour toi. On peut traduire : à ton discernement.

Rien n'est falsifié dans cet appel au discernement : le Christ doit laisser le docteur et/ou le lecteur au chemin de sa réflexion, à peser les conséquences pour lui, à rapporter toutes ses lectures à ce choix concret. On l'a dit plus haut, les trois personnages ont leur intérêt et leur densité, prêtre, lévite et Samaritain, un examen sérieux exige de les comparer avec finesse et sans mépris. Mais, outre la personnalité des trois et leurs raisons d'agir comme ils l'ont fait, d'autres éléments interviennent pour justifier le temps et le labeur impliqués dans l'avis personnel. La question de Jésus, en effet, soulève une contre-évidence pour l'expert des Écritures. En ce sens, nous pouvons imaginer qu'il a transpiré un peu, balançant les pour et les contre, sondant en lui le doux ou l'amer, goûtant la consolation ou la désolation, vérifiant quel personnage le rendait à sa joie et lesquels le plongeaient dans la perplexité et le mal-être.

À l'inverse des attentes

Cette contre-évidence est clairement exprimée par cette remarque des commentateurs :

> Si nous comprenons que l'aubergiste agit à l'encontre de ce à quoi s'attendaient les premiers auditeurs de la parabole, cela peut éclairer les rôles du prêtre, du lévite et du Samaritain : tous les personnages de l'histoire agissent à l'encontre des attentes de l'auditoire, pas seulement le Samaritain. Le comportement de ces trois personnages est surprenant et contraire aux attentes que le public de Luc pouvait avoir à leur égard. On aurait pu s'attendre à ce que le prêtre et le lévite observent le commandement fondamental d'agir avec compassion envers l'homme blessé. Ils ne l'ont pas fait. L'auditoire ne s'attendait peut-être pas à ce que le Samaritain agisse avec compassion. Il n'a pas ignoré l'homme blessé[1].

C'est pourquoi la question de Jésus au docteur ne suscite pas de réponse évidente. En première lecture, on ne peut qu'être scandalisé par l'attitude du prêtre et du lévite et on ne remarque même pas la place de l'aubergiste, tenancier habituellement occupé à d'autres tâches que celle du soin. Le docteur doit se débrouiller avec ce défilé de personnages agissant au contraire de leur rôle attendu, connu par lui à travers les Écritures. Le discernement exigé par le Christ lui réclame de se défaire de ses habitudes de pensée pour revenir au fait, de retourner à son cœur dès qu'il sera désencombré de ses formatages antérieurs. À ton avis ? Méfie-toi de tes jugements trop rapides, de tes intuitions dictées par tes études et tes a priori. Défie-toi des réponses déjà préparées, ton cœur est plus vrai, écoute-le.

1. Patrice Galup, « Trois remarques sur la parabole dite du "bon Samaritain" », *Études théologiques et religieuses*, 2008/3, pp. 413-418.

L'avis du docteur

Enfin, la réponse du docteur fuse et nous fait revenir à cette interférence fondamentale grâce à laquelle deux êtres humains deviennent des prochains alors que rien ne les relie entre eux avant leur rencontre, ni peuple commun, ni complicité professionnelle, ni amitié ancienne. Rien avant ce jour : « Le docteur de la Loi répondit : "Celui qui a fait preuve de pitié envers lui" » (Lc 10, 37).

L'effet de surprise joue à plein dans l'éblouissante réplique du docteur. À question étrange, réponse inattendue. Elle n'est pas celle pressentie par le lecteur en droit de présumer une reprise de la façon qu'a eu Jésus de nommer les personnages dans sa parabole. Le savant aurait dû désigner le prêtre, le lévite ou le Samaritain. Il indique son choix par la configuration intérieure d'un homme parce qu'elle suffit à le distinguer des deux autres.

Au tout début de sa rencontre avec le blessé, l'homme fut « pris aux entrailles ». À la fin du dialogue avec Jésus, le docteur de la loi ne reprend pas exactement ce mot mais il en emploie un autre, très intense. La traduction littérale donne : « Celui ayant fait la miséricorde avec lui ». Miséricorde traduit le mot grec « *éléos*[1] ». Grâce au long processus du soin, la vibration des entrailles se transforme en miséricorde. Tout le processus de prise en charge initié par le bouleversement du cœur, se trouve résumé par ce mot de « faire miséricorde ». On prendra garde au mot

1. La déesse grecque Éléos est la personnification de la pitié, de la compassion et de la miséricorde. Son équivalent romain était Misericordia ou Clementia. Éléos est la fille de Nyx, déesse primordiale de la nuit, et d'Érèbe, dieu primordial des ténèbres. Elle a pour sœur Héméra et pour frères Charon, Éther et Épiphron (la prudence). Son opposé est Anaideia, déesse du caractère impitoyable, de l'absence de merci. Elle était vénérée à Athènes essentiellement par les miséreux (source : Wikipédia).

français plutôt employé pour décrire l'attitude du cœur ébranlé en face de la misère. En réalité, le docteur en use pour nommer l'homme du prendre-soin complet, soin et soucis, émotion et actions. Le mot « *éléos* » est chargé d'un sens dilaté, cher à l'esprit du docteur.

Il est improbable qu'un fin connaisseur de la Loi ignore ce que l'évangéliste saint Matthieu rappelle à ses lecteurs juifs : « Si vous saviez ce que signifie : Je prends plaisir à la miséricorde [*éléos*], et non aux sacrifices, vous n'auriez pas condamné des innocents » (Mt 12, 7 citant Os 6, 6, cf. Mt 9, 13) ; « Malheur à vous, scribes et pharisiens hypocrites ! Parce que vous payez la dîme de la menthe, de l'aneth et du cumin, et que vous laissez ce qui est plus important dans la loi, la justice, la miséricorde [*éléos*] et la fidélité : c'est là ce qu'il fallait pratiquer, sans négliger les autres choses » (Mt 23, 23 citant Dt 14, 22).

Le prêtre et le lévite présentent les sacrifices, actes excellents sans nul doute, mais Dieu leur préfère la miséricorde (*éléos*) du Samaritain. Il préfère ceci : ceci et cela est bien mais il met ceci au-dessus de cela et il choisit donc ceci. Qu'est-ce à dire ?

Le choix comme préférence

Cette préférence divine indique un choix mais un choix opéré à partir de l'attribution d'une valeur différente à un acte, et cette évaluation des choses permet la priorisation.

Dans nos vies, tout est question de priorité, priorité temporelle parfois, quand elle est celle de l'urgence (plus rare qu'on le pense), ou priorité humaine, quand elle est celle de l'importance (plus fréquente qu'on ne le croit). Souvent, les choses à faire nous trompent en se présentant comme équivalentes, alors qu'elles ne le sont que très rarement. En revanche, sans critère d'évaluation, la tentative de priorisation bute effectivement sur l'impossibilité de marquer une préférence. Ne pas chercher une priorisation des valeurs, et donc l'importance de nos actes par rapport à d'autres, nous vaut de passer de l'autre côté, tels le prêtre et le lévite de la parabole : parce que nous tenons tout pour équivalent, passer vaut soigner.

Dans le contexte d'une réflexion sur la liberté et sur la Loi, il revenait de remettre la liberté dans un chemin de croissance, d'en faire une liberté de qualité plus qu'une liberté de choix. Pour autant, l'homme libre fait des choix en les intégrant dans son chemin de croissance et, en ce sens, il conjugue le choix et le perfectionnement, il délibère et décide pour grandir. Ce type de choix qualitatifs réclame d'éclairer sa conscience en donnant un poids différent aux actes à poser, il demande à prioriser, à mettre les actes ou les choses sur une échelle et non plus sur un même plan horizontal. Ces choix de qualité apparaissent à tous les croisements de la route : un appel de ma femme et en même temps une urgence au travail, quel est le plus important pour moi maintenant ? Un temps de prière et une rencontre soudaine, que mettre en premier ? Les exemples se multiplient à l'infini. L'homme qui se pose ces questions n'entre plus dans le jeu d'une liberté d'indifférence, puissance de choix entre deux réalités équivalentes, mais il met en œuvre une liberté de perfectionnement, capacité à choisir le meilleur, celui qui a le plus de poids dans le contexte du moment.

Certainement, la Parole nous éclaire sur ce qui est mal, et qu'il faut tenter d'éviter, et sur ce qui est bien, et qu'il faut essayer de réaliser, de sorte que cet éclairage nous permette de reconnaître le mal et de connaître le bien.

Mais ce discernement entre le bien et le mal ne suffit pas pour vivre en paix. Par expérience, l'homme sent donc qu'il ne lui suffit pas de marcher dans le bien pour être totalement en paix avec lui-même : il désire choisir le meilleur entre les biens. Mais comment le connaître quand tout éclate et scintille ? Il lui faut recevoir la sagesse de la priorisation. Si tu vas à gauche, c'est bien mais si tu vas à droite, c'est mieux. Fruit d'un discernement à partir d'un éclairage vertical, cette mise en priorité ou en échelle de valeur conduit à éliminer ou, à tout le moins, reléguer au second plan des choses bonnes et importantes. La Bible propose un éclairage vertical, une lumière venue d'en haut pour échelonner les choses et les actes.

Dans le care, par exemple, entre le sacrifice et la miséricorde, la miséricorde prime. Tel est l'enseignement de la Parole reprise par le Christ alors que les pharisiens le défient. Le docteur a enregistré cette sagesse issue de sa tradition biblique, ce qui lui permet de répondre juste, par le mot précis, la miséricorde. Elle vaut mieux que tout, à condition qu'elle englobe tout, des entrailles à la promesse du retour.

Existe-t-il des hommes et des femmes capables de s'ajuster toujours à cette priorité de la miséricorde et de mettre le care au sommet de la liste des choses à faire ? Existe-t-il de ces hommes et de ces femmes capables d'entrer en interférence de miséricorde avec l'autre, au point de devenir le prochain de tous, une sorte de frère universel[1] ?

L'appel à passer à l'acte

Les deux approbations du Christ, celle du départ et celle de la fin, claquent en coup de fouet mais aussi en appels : « Fais ainsi et tu vivras » (Lc 10, 28) ; « Va, toi aussi fais de même » (Lc 10, 37).

1. On pense bien sûr ici à saint Charles de Foucauld.

Deux appels, c'est au moins une fois de trop. Et pour certains hommes, c'est deux fois pour rien, ils ne bougeront pas. Et nous savons pourquoi : une chose est d'être persuadé d'une action à accomplir, une autre de passer à l'acte. Nombre de nos désirs demeurent des velléités inefficientes en raison d'un manque de conversion.

Soumis à la première pression du Christ, le docteur aboutit à un premier discernement théorique dégagé de la Loi. Or, l'exactitude théorique ne mobilise jamais assez la volonté pour agir. Le réflexe de l'homme qui sait et qui ne peut pas, sera de s'enfoncer un peu plus dans la recherche théorique par une nouvelle question, comme si la vérité atteinte ne suffisait pas. De réponse en question et de question en réponse, il pourra se justifier de ne jamais passer à l'acte. Le premier appel du Christ, « Fais ainsi et tu vivras », est un échec et il ne pouvait pas en être autrement car, à ce stade, le docteur était convaincu mais pas encore converti.

Au terme de l'entretien, l'expert conclut par un second discernement pratique à partir de la parabole. Celle-ci lui a fait couvrir toute la distance entre la vérité nue qui ne mobilise pas les énergies vitales et la vérité habillée de sentiments puissants capables d'entraîner l'homme à la mise en œuvre. Les velléités se sont transformées en volontés.

Ayant répondu à son questionnement par la parabole, l'ayant impliqué dans la réponse par le discernement, le Christ revient à ce point fixe : fais ! Maintenant que tu sais par le cerveau et que tu sens par le cœur, fais !

L'action doit suivre car elle seule donne vie : Va, tu vivras ! Il ne suffit pas de penser juste mais on doit entendre l'appel à agir bien. Tu voulais du concret mais tu hésitais sur ce qu'il était, sur le moment et la façon d'agir ? Désormais, plus de raison de paresse, plus d'arguments pour procrastiner : fais de même, agis comme cet homme au cœur ébranlé par la pitié, aux pieds agiles et aux mains expertes.

Le modèle t'est fourni, ta volonté a été saisie, il te reste à « aller » et à faire, plus rien en toi ne s'y oppose. Ce « va ! » vibre sur les lèvres de Jésus comme une vocation. Le Christ en use souvent auprès des personnes qu'il a guéries ou soulagées. Il s'entend comme un murmure dans le brouhaha des sirènes aux charmes provocateurs.

D'un certain point de vue, ses objections étant levées, cet appel dévoile la guérison du docteur jusque-là paralysé par ses scrupules ou ses doutes. Certainement, il faisait partie de ces personnes qui, en voulant faire trop bien, font très peu. Son perfectionnisme le perdait dans une recherche désespérée de perfection théorique, conduite par le souci d'être sûr à cent pour cent de son amour. Désormais, il a en lui un critère sûr pour agir, le guide du care.

Davantage encore. Il possède la force en lui grâce à l'ordre de Jésus : « Lève-toi. » Le Christ ne commande rien qu'on ne puisse faire. Ce « Lève-toi » donne la force et ordonne le mouvement, les deux à la fois. Il y a un démarrage, un départ à prendre, un commencement. Lance-toi dans l'amour, prends confiance en toi ! Le premier pas dépend de toi et personne ne le fera à ta place. Longue est la route depuis l'instantané de l'imprévu, l'urgence de l'inattendu jusqu'à l'entrecroisement des destinées, le mélange des futurs, l'union des avenirs. Mais le plus long chemin commence par un premier pas, dit le proverbe chinois.

« Fais de même » : relis et revis l'itinéraire du care. Garde en ta mémoire, l'ordre et la liste du prendre-soin, le protocole et l'élan du care : le cœur, les pieds, les mains, la monture, le toit, la société, l'argent et le destin. Osons à nouveau la formule : « Prends soin de ton prendre-soin. » Les dangers ont été repérés, les enjeux aussi. L'enthousiasme ne condamne pas l'attention à chacune des étapes particulières. Veille sur ta vigilance et soigne ton soin. Et un miracle s'accomplit pour toi. Là où tout ton être est engagé, par un moment mais pour toujours, un voile se déchire, le toit se fend, livrant aux yeux de l'esprit un ciel constellé d'étoiles.

Conclusion

Le vertige de l'Infini

CETTE rencontre du Maître et de l'expert s'est donnée à nous en un entretien composé de trois temps, et c'est bien ainsi qu'il convient de la lire. Au bout, l'auditeur et le lecteur y récoltent le chemin du care, en perfection de l'amour fraternel. Entre deux êtres humains, une consonance s'établit et bouscule les isolements des atomes humains. Mis en état d'interférence réciproque, ces deux hommes de la terre, terrestres en tout, voient débouler le ciel entre eux. Après l'inattendu du chemin « viendra l'heureuse surprise[1] ». Car cet entretien va plus haut que lui-même : il façonne une échelle pour grimper à deux, soigné et soignant, dans des sphères jusque-là ignorées. Jésus met en place une maïeutique de la transcendance à destination de ce docteur au discernement pertinent, ouvrant à ses actes et à ses yeux le scintillement des étoiles, fugaces étincelles guettées entre les branchages de la cabane.

L'explication du care s'arrête à la fin du cycle, mais sa mise en œuvre, elle et elle seule, emporte l'homme plus loin et plus haut. « Toi, fais de même » : applique le care à fond, à ta façon, et tu n'en resteras pas là. Collé au concret du cœur et du soin, l'homme devenu bon Samaritain se

1. Paul VALÉRY, « Palme », dans *Charmes*, Gallimard, Paris, 2016.

dilate et s'élève. Comme malgré lui, avec des forces jusque-là inattendues, par la porte du prendre-soin, il pénètre dans un entredeux intemporel, la caverne étoilée du mystère, plus vaste que le cosmos, plus profond que l'abîme, plus lointain que l'horizon.

L'élargissement du cœur

La quantité, la largeur, l'amplitude du care nous confondent. L'expérience d'un care mis en acte gonfle d'abord le cœur à la taille de l'univers. Jusqu'où aimer en quantité ? Peut-on aimer tout le monde ? Ne dois-je pas restreindre le cercle du care en l'ajustant à mes disponibilités, à mes espaces intérieurs autant qu'à mon rythme de vie ? Parfois, en nous, se terre la peur d'aimer trop, trop de monde, trop d'amis, trop de pauvres, trop de tous et de chacun. Jusqu'où élargir sa tente sans succomber soi-même ? Peut-on distendre son cœur sans l'affadir, sans le saturer et sans le rompre ?

Si, avant d'être une question de temps et d'argent, de force et de toit, le care est bien une question de cœur, alors la réponse à ces questions y est cachée. L'écrivain sacré nous l'assure : « Si ton cœur t'accuse, Dieu est plus grand que ton cœur et il connaît toutes choses » (1 Jn 3, 20). Cette assurance première nous autorise à poursuivre : si ton cœur te paraît petit, Dieu t'affirme qu'il est plus grand que tu ne le penses.

Ici, l'exemple de Paul vaut d'être cité car il ne se trompe pas, il le sait et il le dit, son cœur est assez large pour accueillir tous ses frères : « Pour vous, Corinthiens, notre bouche a parlé ouvertement, notre cœur s'est élargi. Vous n'êtes pas à l'étroit chez nous, c'est en vous-mêmes que vous êtes à l'étroit. Je vous le dis parce que vous êtes mes enfants : payez-nous de retour, élargissez votre cœur, vous aussi » (2 Co 6, 11-13) ; « Qui donc faiblit, sans que je partage sa faiblesse ? Qui vient à tomber, sans que cela me brûle ? » (2 Co 11, 29).

Saint Jean Chrysostome, dans son *Homélie sur la Deuxième lettre au Corinthiens*, commente ce passage de l'Apôtre :

> « Notre cœur s'est dilaté. » De même que la chaleur produit un épanouissement, la charité a pour effet de dilater, car c'est une vertu chaude et ardente. C'est elle qui « ouvrait la bouche » de Paul et dilatait son cœur. « Je ne vous aime pas seulement en paroles », veut-il dire. « Mon cœur s'accorde avec ma bouche : je m'exprime donc en pleine liberté, de toute ma voix et de tout mon esprit. » Il n'y avait rien de plus largement ouvert que le cœur de Paul. Il aimait ardemment tous les fidèles, comme si chacun était son préféré, sans laisser son affection se diviser ou s'affaiblir, mais en la faisant reposer tout entière sur chacun. Et qu'y a-t-il d'étonnant à ce qu'il ait eu un tel amour pour tous les fidèles, lui dont le cœur embrassait jusqu'aux infidèles de la terre entière ? C'est pourquoi il ne dit pas : « Je vous aime », mais ce qui est beaucoup plus éloquent : « Notre bouche s'est ouverte, notre cœur s'est dilaté » ; nous vous tenons tous au-dedans de nous, non pas d'une façon quelconque, mais de la façon la plus généreuse. Car celui qui est aimé se trouve parfaitement à l'aise dans le cœur de celui qui l'aime. C'est pourquoi saint Paul ajoute : « Vous n'êtes pas à l'étroit chez nous, c'est dans vos cœurs que vous êtes à l'étroit. »

Dès l'instant où mon cœur a été saisi d'un tremblement pour toi, tu as commencé à t'installer en moi. Il ne s'agit plus de prendre soin d'un autre comme on fabrique une paire de chaussures ou comme on restaure une maison. L'image géographique le cède devant une autre image, traduisant l'achèvement de cette proximité aboutie au bel amour : l'image d'un homme dont le cœur est une vaste tente, l'abritant lui-même et s'élargissant à mesure que d'autres y font leur demeure.

Le prophète avertissait le peuple : « Élargis l'espace de ta tente ; qu'on déploie les couvertures de ta demeure : Ne retiens pas ! Allonge tes cordages, et affermis tes pieux ! » (Is 54, 2). Ne crains pas d'aimer trop. L'amour s'occupe de t'élargir et de te dilater à taille de l'humanité.

Où est passé le premier commandement ?

Après la quantité, la qualité. Avec l'élargissement de la tente, nous restions au plan horizontal. Magnifique et extraordinaire. Nous étions toujours sur le plan terrestre, sur le « plateau » immense de la fraternité humaine, alors qu'on parle de montagnes et de ciels dans toutes les religions du monde. Allons-nous nous perdre dans les vallées et devons-nous effacer les montagnes ? Avons-nous encore une chance d'entrevoir l'amour pour Dieu, structurant des deux amours ?

Mais, justement, entre le commencement et la fin du dialogue, Dieu et l'amour pour lui se sont éclipsés au profit du prochain et du tremblement des entrailles, l'un des deux commandements a carrément disparu de la parabole. Cet effacement volontaire de l'amour pour Dieu rejoint celui promu par le monde moderne. Mais il pose problème aux croyants, brûlants de l'Esprit. Où est le Dieu premier servi ? Parler de l'homme sans Dieu ne conduit-il pas à la négligence de sa religion et du culte, ou à faire du christianisme une association humanitaire, une ONG parmi les autres ?

Ces inquiétudes du chrétien sembleront sans intérêt pour l'incroyant dont le cœur généreux ignore volontiers ces subtilités théologiques. Malgré tout, c'est en essayant d'y répondre que la pensée chrétienne découvre un chemin de vie là où on avait pour habitude de fragmenter les amours. Et ce chemin de vie peut intéresser tout homme ignorant de Dieu, s'il a vent d'un vertige dépassant toutes les euphories de la terre.

Au moment de conclure cette reconnaissance du care, au sens militaire du terme, il apparaît que nous avons encore à justifier le caractère chrétien souligné de prime abord : le care du point de vue chrétien. En quoi est-il chrétien, en quoi diffère-t-il de celui que prescrivent les humanistes, les médecins et les psychologues ? À observer les gestes, nulle différence. Le cœur vibre ou sonne pareillement, croyants ou incroyants n'en distingueraient aucun élément de foi. Les pleurs du chrétien ne diffèrent pas des larmes de l'athée. La tendresse, la précision, l'implication des uns et des autres n'offrent pas de prise à des supériorités ou à des particularités.

Pour tenter d'expliquer une différence entre un care chrétien et un care non chrétien, on serait tenté de mettre en avant des motivations diversifiées : ceux-là agissent en suivant leur cœur, les incroyants, ceux-ci opèrent en répondant aux injonctions de leur religion, les croyants. Mais la parabole ne semble pas faire ces distinctions : le Samaritain n'agit pas au nom de sa foi mais par l'impulsion de son cœur ému à la vue du blessé. Par ailleurs, à parler ainsi, on risque de présenter des chrétiens froids comme l'acier, obéissant formellement aux injonctions des commandements divins. Mais où se trouve l'amour dans cette posture disciplinée ?

La solution à cette difficulté se découvre de meilleure façon dans l'ordre et la dynamique de deux préceptes rappelés par le docteur au commencement de la rencontre, amour pour Dieu et amour pour son prochain.

La vision de Dieu

Évêque d'Hippone depuis quelques décennies, saint Augustin commente la guérison du paralytique de la piscine de Bethesda (cf. Jn 5). Cet homme infirme avoue à Jésus être handicapé depuis trente-huit ans, soit quarante moins deux. Pour la Bible, quarante est un chiffre symbolique de plénitude. Dans ces deux années qui font défaut au paralytique, Augustin voit les deux préceptes de la charité. Que l'on trouve cette explication tirée par les cheveux ne modifie en rien la puissance de son analyse qu'il faut citer intégralement :

> Rappelez-vous avec moi, mes frères, quels sont ces deux préceptes. Car ils doivent être bien connus, et ne pas venir seulement à notre esprit de temps en temps, quand nous nous en souvenons ; ils ne doivent jamais s'effacer de vos cœurs. Songez toujours qu'il faut absolument aimer Dieu et le prochain : Dieu, de tout ton cœur, de toute ton âme et de tout ton Esprit, et ton prochain comme toi-même. Il faut toujours y penser, le méditer, le retenir, l'accomplir. L'amour de Dieu est premier dans l'ordre des préceptes ; l'amour du prochain est premier dans l'ordre de la pratique. Car celui qui t'a prescrit cet amour en deux préceptes ne t'a pas recommandé le prochain d'abord, et Dieu ensuite ; mais Dieu d'abord, et le prochain ensuite. Quant à toi, parce que tu ne vois pas encore Dieu, c'est en aimant le prochain que tu mérites de voir Dieu ; en aimant le prochain, tu purifies ton regard pour voir Dieu. C'est ce que saint Jean dit de façon évidente : Si tu n'aimes pas ton frère, que tu vois, comment pourrais-tu aimer Dieu, que tu ne vois pas ? Voici que l'on te dit : Aime Dieu. Si tu me dis : Montre-moi celui que je dois aimer, que répondrai-je, sinon ce que dit saint Jean : Dieu, personne ne l'a jamais vu ? Mais ne t'imagine pas que tu es absolument exclu de la vie de Dieu ! Saint Jean nous dit : Dieu est amour, et celui qui demeure dans

> l'amour demeure en Dieu. Aime donc le prochain, regarde en toi d'où te vient cet amour du prochain ; là tu verras Dieu, dans la mesure où cela te sera possible. Mets-toi donc à aimer le prochain. Partage ton pain avec celui qui a faim, recueille chez toi le malheureux sans abri, couvre celui que tu verras sans vêtement, ne méprise pas ton semblable. [...] Quand tu étais malade, ton prochain te portait ; tu es guéri, porte ton prochain. Portez les fardeaux les uns des autres et vous accomplirez la loi du Christ. C'est ainsi, ô homme, que tu accompliras ce qui te manquait. Par conséquent, porte ton grabat. Mais quand tu l'auras pris, ne reste pas sur place, marche. En aimant le prochain, en prenant soin de ton prochain [*curam habendo de proximo*], tu es en route. Où diriges-tu tes pas, sinon vers le Seigneur Dieu, vers celui que nous devons aimer de tout notre cœur, de toute notre âme, de tout notre esprit ? Car nous ne sommes pas arrivés jusqu'au Seigneur, mais nous avons le prochain avec nous. Porte donc celui avec qui tu marches, pour parvenir à celui avec qui tu désires demeurer[1].

« Ce que vous avez fait à l'un de ces plus petits de mes frères, c'est à moi que vous l'avez fait » (Mt 25, 40). Jésus n'a jamais eu de parole plus nette : l'affamé nourri, l'assoiffé abreuvé, le prisonnier visité, c'est lui qui est nourri, abreuvé, visité. Le mystère se donne à celui qui va au bout du prendre-soin.

Le care chrétien ne nous fait pas poser d'autres actes concrets que ceux inspirés par un care hors la foi. Même la conduite à l'auberge ne correspond pas forcément à un retour à l'Église – mais on ne peut pas l'exclure, bien évidemment. Cependant, poussé à son terme, le care saisit le mystère de l'amour dans ce qu'il a d'infini. Au départ du care comme au long de sa course, tout était si concret, tout était si visible, à commencer par la victime et ses

1. Augustin, *Homélies sur l'Évangile de saint Jean*, XVII, 8-9.

plaies, tout se résumait à des actes concentrés sur l'instant ou stabilisés sur la durée, tout appartenait au fini de la terre, loin des rêves héroïques, motivants mais vaporeux, tout nous jetait aux limites, frontières de nos forces, de nos souffrances, de nos moyens, tout semblait nous coller à la terre, tant et si bien que nous ne pouvions soupçonner que, déjà, en chaque geste, l'Infini nous tenait et nous attendait.

La vue de la foi

Grâce à la foi reçue, le chrétien peut ouvrir les yeux et distinguer les silhouettes divines – encore floues – derrière le voile. Il nomme ce qu'il perçoit à sa façon, celle enseignée par la parole de Dieu qui nous a suivis (ou précédés) : le care, c'est le Christ servant le Christ[1].

Dans un fragment de 1959, Madeleine Delbrêl note avec une audace tout évangélique : « La bonté devenue chrétienne a des ambitions si miraculeuses que dans des actes sensibles, tangibles, concrets elle est une preuve du mystère. Par rapport à la sagesse humaine, elle est démesurée comme la croix[2]. » Tel est le regard du croyant au terme du care, détectant le Christ et sa bonté, en lui, en l'autre, en nous.

---

1. « Nous avons souvent dit que dans le prochain nous devons voir le Christ : puisqu'en effet il nous est interdit de faire passer notre père ou notre mère, ou nos fils, avant l'amour de Dieu, comment le commandement de l'amour du prochain serait-il semblable au premier, si ce n'est parce qu'il nous commande d'aimer le Fils comme le Père ? » HILAIRE, *Sur Matthieu*, 22, 38-39, in *La Bible chrétienne*, II. « Commentaires », Éditions Anne Sigier, Sainte-Foy, 1990, p. 450.
2. Madeleine DELBRÊL, « La femme, le prêtre et Dieu », in *Œuvres complètes*, *op. cit.*, p. 235.

Le ressenti de l'Infini

Mais à tout homme, le fruit transcendant du care est aussi offert, juteux, tiède, telle la pêche cueillie sur l'arbre, un matin de l'été. Il semble que seuls les poètes ont su l'écrire, porte-parole des besogneux du care. Ainsi, Victor Hugo l'esquisse dans son poème, « Le mendiant » (*Les contemplations*). Un pauvre, passant dans la ruelle glacée, est invité à entrer et à se réchauffer. La conversation s'engage avec l'hôte amical :

> Le vieillard grelottait de froid ; il me parlait,
> Et je lui répondais, pensif et sans l'entendre.
> « Vos habits sont mouillés », dis-je, « il faut les étendre,
> Devant la cheminée. » Il s'approcha du feu.
> Son manteau, tout mangé des vers, et jadis bleu,
> Étalé largement sur la chaude fournaise,
> Piqué de mille trous par la lueur de braise,
> Couvrait l'âtre, et semblait un ciel noir étoilé.
> Et, pendant qu'il séchait ce haillon désolé
> D'où ruisselait la pluie et l'eau des fondrières,
> Je songeais que cet homme était plein de prières,
> Et je regardais, sourd à ce que nous disions,
> Sa bure où je voyais des constellations.

Sous les haillons du pauvre, brillait déjà le ciel. L'émotion, l'attention et l'accueil du Samaritain ont allumé le feu dans la cheminée. Et, par les plaies ouvertes, par les trous de l'humanité dont il prend soin, le bon Samaritain a capté les petits luminaires de la nuit.

D'un coup de main audacieux, le ciel a saisi les deux marcheurs par le vertige de l'Infini. À pas feutrés et sans bruit, le care ouvre la nuit, jusque-là privée d'étoiles.

Annexe

La parabole du bon Samaritain dans l'*Hortus deliciarum*

COMMENT au Moyen Âge représentait-on la parabole du bon Samaritain ? Un exemple majeur nous est donné par l'*Hortus deliciarum*, manuscrit perdu aujourd'hui mais dont la bibliothèque du Grand séminaire de Strasbourg conserve des calques. On dit avec raison qu'il est une véritable encyclopédie attribuée à Herrade de Landsberg (1125-1195), abbesse du monastère du mont Sainte-Odile.

Les six miniatures alignées en une sorte de bande dessinée indique la volonté de décrire avec minutie la scène pour ne pas rater une étape.

Cette volonté rejoint celle du Christ qui cerne bien les différents moments et s'étend sur le soin. Il ne suffit pas de regarder ou de lire, mais d'entrer dans la scène d'une façon « interactive » : le lecteur doit être ému lui-même de l'assaut des brigands ou de l'indifférence des clercs.

La scène de l'attaque

La scène de l'attaque est marquante, d'autant plus qu'elle manque souvent dans les représentations plus récentes qui insistent sur le soin et non sur ce qui le précède. Ici, rien n'échappe au lecteur, ni le visage ensanglanté du blessé ni ceux des brigands dont les têtes ne sont ni patibulaires ni excessives.

Ce sont des gens normaux, communs, qu'on ne remarquerait pas dans une foule mais dont la brutalité ne laisse pas de doute sur leurs intentions mauvaises. L'un d'entre eux coince l'homme avec sa jambe sur le cou, tandis qu'il aide ses comparses à le dépouiller de ses vêtements. Avec une massue cloutée, le quatrième homme le frappe violemment alors qu'il n'est plus en situation de se défendre ou de fuir. C'est une violence gratuite qui vise à faire mal.

Le passage altier du prêtre et du lévite

Le passage altier du prêtre, âgé, et du lévite, jeune homme, sur deux magnifiques destriers, ne laisse pas indifférent : l'un et l'autre passent à côté de l'homme dénudé et ensanglanté au point que leurs montures semblent enjamber l'homme comme on évite un bloc de pierre. Les sabots frôlent sa tête, et l'un et l'autre regardent ailleurs. Le corps du blessé est couvert d'ecchymoses, il repose sans réaction, les yeux sont ouverts en attente d'une réaction qui ne vient pas, mais sa bouche est sans un cri, son corps sans un geste d'appel. Telle est la situation de l'homme anéanti par ses proches.

Le chargement sur la monture

La « bande dessinée » se poursuit avec le chargement sur la monture, l'action aura une belle descendance picturale avec Delacroix et Van Gogh. L'homme blessé est déjà bandé avant d'être hissé difficilement par le Samaritain qui a dû laissé provisoirement son manteau pour être plus libre de ses mouvements. Les yeux du blessé sont partiellement ouverts mais son regard est vide. Il commence à réaliser qu'il se passe quelque chose de bien pour lui. Déjà sa main gauche saisit la crinière du cheval. L'embrassade entre les deux hommes est totale : un contact d'homme à homme, toute distance étant abolie. Certainement la tunique du Samaritain s'en est trouvée tachée.

L'arrivée à l'auberge

L'arrivée à l'auberge compacte deux moments normalement séparés par la nuit : le Samaritain tient dans sa main droite les deux pièces de monnaies qu'il montre à l'aubergiste alors qu'il tient encore le bras du blessé dans sa main gauche. C'est l'instant de la passation : l'aubergiste s'est déjà saisi avec ses deux mains du bras de l'homme victime dont les yeux sont grands ouverts, et il s'apprête à l'introduire dans l'auberge. Le blessé semble prêt à se lever, bien qu'assis sur le sol, car on sent le dynamisme et l'élan vital revenir en lui.

Table

CET OUVRAGE A ÉTÉ COMPOSÉ
PAR ATLANT'COMMUNICATION
AU BERNARD (VENDÉE).

Achevé d'imprimer en janvier 2023
sur les presses de
La Manufacture - Imprimeur – 52200 Langres
Tél. : (33) 325 845 892

N° imprimeur : 221174 - Dépôt légal : janvier 2023
Imprimé en France